D. 4259. P.
YY. 8

# OBSERVATIONS SUR L'INCRÉDULITÉ DES PHILOSOPHES MODERNES.

## POUR SERVIR D'INTRODUCTION A L'EXPOSITION DE LA DOCTRINE CATHOLIQUE.

*Cœlum ipſum petimus Stultitiâ.*
Inſenſés que nous ſommes! Nous attaquons même les Cieux. *Hor. Lib 1. Ode 3. 38.*

*A SEDAN,*
Chez FRANÇOIS JAQUEMART,
*ET A PARIS.*
Chez DESPREZ, Imprimeur du ROI & du Clergé de France, Rue St. Jacques.

M. DCC. LXXI.
*Avec Approbation & Privilége du Roi.*

## AVERTISSEMENT.

LORSQU'UN Etat est menacé d'une invasion, & que le nombre de ses ennemis fait craindre que ses Troupes ne soient pas en état de les repousser, on sonne l'allarme, & chacun, selon son pouvoir, doit contribuer à la défense de la patrie. La Réligion ne doit pas moins nous être chere que notre Pays, elle est attaquée de toutes parts, & l'on peut regarder l'Avertissement de MM. du Clergé de France, comme la trompette qui invite tous les Chrétiens à réunir leurs forces pour les opposer à celles de ses ennemis. Cette invitation est d'autant plus nécessaire, que parmi ceux qui lui sont demeurés fideles, on a lieu de craindre qu'il ne s'en trouve plusieurs qui ayent plus d'ostentation que de courage, plus de vices que de vertus, plus d'intérêt que de charité.

Celui qui fait des découvertes utiles à la Société obtient des récompenses de l'Etat, n'en devroit-il pas être de même à l'égard de ceux qui en font pour le soutien & la défense de la Réligion ? Sans

## AVERTISSEMENT.

amour pour Dieu, sans charité pour le prochain, au moyen de quelques observances extérieures, on croit remplir les les devoirs de la Réligion; & dès qu'on n'est pas absolument scandaleux, on croit pouvoir passer pour bon Chrétien.

Il est vrai que les Philosophes anti-chrétiens ne sont pas plus obligeans les uns envers les autres; mais ce défaut leur est plus pardonnable qu'à nous, parce qu'ils ne se proposent aucune fin. Il est même honteux qu'il faille souvent chez nous, comme chez eux, des motifs d'intérêts ou autres semblables pour nous engager à faire du bien à notre prochain.

S'il est glorieux pour une nation d'avoir un nombre de sçavans qui employent leurs talens pour son utilité, il doit-être humiliant pour une autre qui n'en produit que pour détruire & jetter chez elle le trouble & la discorde.

Notre siécle est, sans doute, un siécle éclairé; tout le monde lit & de préférence les livres qui attaquent la Réligion plutôt que ceux qui la défendent; tout le monde raisonne, tout le monde parle Philosophie, depuis qu'on a décoré de ce beau nom des Recueils d'impertinences & de sotises. Mais que ceux

## AVERTISSEMENT.

qui ont encore quelque zéle pour la Religion se souviennent qu'ils ne la défendront jamais mieux qu'en menant la vie réguliére qu'elle prescrit ; c'est une chose qu'on ne sçauroit trop recommander au milieu de la corruption de notre siécle, où celui qui parle morale est regardé comme un pédant & l'homme d'une conduite réguliére comme un superstitieux.

Depuis qu'on se fait dans le monde une espéce de gloire d'afficher l'esprit d'irréligion, le libertinage est passé des Villes à la Campagne où le scandale régne avec d'autant plus d'empire que le plus riche y est toujours considéré comme le plus sçavant & qu'au moyen d'une certaine opulence on y jouit plus facilement de l'impureté & de la liberté d'y dogmatiser.

C'est surtout aux Ministres de la Religion que les nouveaux Philosophes en veulent, & souvent sans discernement & sans justice, ils imputent à la Doctrine les vices de celui qui la professent * & tous les Chefs-d'œuvres que nous

---

\* On ne doit pas imputer à la Réligion l'avarice & la trahison de Judas.

## AVERTISSEMENT.

avons vû sortir de la plume des plus sçavans & des plus zélés Ecclésiastiques, pour la défense d'une si bonne cause, ne sont imputés, par eux, qu'à l'esprit d'intérêt.

Nous disons que cet Ouvrage doit servir d'introduction à l'exposition de la Doctrine Catholique du même Auteur. Ce livre actuellement sous presse à la sollicitation des plus Illustres Prélats de France, paroîtra cette année, il est attendu avec d'autant plus d'impatience que nous avons peu d'ouvrages sur cette matiére traités avec autant de force, de netteté & de précision, & qu'il fait autant d'honneur à la Religion qu'au zéle de plusieurs Evêques qui l'ont examiné & scéllé de leur Approbation.

Il semble qu'après tant de livres composés sur la vérité de la Religion on ne puisse plus rien imaginer de nouveau, surtout si l'on songe à cette maxime qui étoit déjà en vogue du tems de Térence, *Nullum est jam dictum, quod non dictum sit priùs.* Mais il est pourtant certain qu'on peut ou inventer des raisons ou donner un nouveau tour à celles qui ont déja été employées; & c'est souvent ce nouveau tour & cette nouvelle appli-

## AVERTISSEMENT.

cation qui font la force d'une preuve. Comme la force des machines ne dépend que de la maniere, dont on applique le mouvement qui subsistoit déja dans la nature.

Qu'on suppose un Curé de la campagne, ami particulier d'un prétendu Catholique, espece d'esprit fort, & conséquemment qui ne va point à la Messe; on ne doit pas dire, que cette intime amitié, dans le premier, vient de la persuasion où il est, que la Religion, dont il est Ministre est mauvaise, & que l'incrédulité de son ami vaut autant; mais on peut dire que le Pasteur ne convertissant pas son ami, il est dangereux qu'il ne s'en laisse pervertir lui-même, & que cette affectation d'amitié, n'est ni honorable au Pasteur, ni utile à la Religion. Le médecin cesse ses visites, quand les maladies sont devenues incurables. On regarde aujourd'hui de si près à la conduite des Ecclésiastiques qu'on ne sçauroit trop leur recommander de se souvenir de ces paroles: *Vos estis lux mundi; Vos estis sal terræ*, &c.

# OBSERVATIONS
## SUR L'INCRÉDULITÉ
### DES
### PHILOSOPHES MODERNES.

LA Philofophie eſt une ſcience qui triomphe des vices, qui foudroie l'impiété, qui confond la ſageſſe humaine, qui eſt plus grande que les arts, & que ce qu'on appelle ordinairement les ſciences ; c'eſt l'amour de la véritable ſageſſe, c'eſt la ſcience des choſes divines & humaines. Etre véritablement Philoſophe, dit un Sçavant, c'eſt avoir de la tempérance, de la juſtice & de la force ; aimer la vérité, fuir les voluptés, mépriser les richesses, rompre, autant qu'il est possible, les liens qui attachent l'ame au corps ; haïr & mépriser ce dernier, parce qu'il est toujours opposé à la sagesse ; renoncer à tous ses désirs, ne craindre ni la pauvreté, ni l'ignominie, ni l'opprobre qu'on peut souffrir pour la justice & pour la vérité ; faire du bien aux hommes, & à ses ennemis même ; ne penser qu'à bien mourir ; & pour cet effet renoncer à tout & à soi-même. (*a*)

Telle est l'idée que nous devons avoir de la Philosophie, & tels devroient être les sentimens de tous ceux qui se disent Philosophes ; mais la fausse Philosophie, qui ne cherche qu'à corrompre les mœurs, devenant téméraire à proportion de ses progrès, ne se repait plus en

---

(*a*) Oeuvres de Platon traduites en François.
I réf.

silence de ses chimères & de ses absurdités ; elle léve le masque, & après avoir mérité la censure des Magistrats, elle vient par ses nouveaux efforts d'exciter le zéle du Clergé de France dont l'assemblée tenuë dernierement à Paris, a publié un Avertissement adressé à tous les Fidéles du Royaume pour garantir les peuples de la séduction. Cet ouvrage est digne de l'illustre Assemblée qui l'a publié, & nous ne doutons pas qu'il ne fasse beaucoup de fruit ; mais l'esprit de parti, qui a un si mauvais effet sur les mœurs & une si maligne influence sur l'entendement, empêchera ces Zélateurs de la fausse Philosophie, d'y faire attention. Des principes qu'on déteste, ressemblent à un objet qu'on regarde à travers différens milieux, & qui paroit courbe ou rompu, quoiqu'il soit bien droit & entier en lui-même. Pour se faire lire de ces Messieurs, il faut mépriser les vérités que la Religion enseigne, &

tout ce qui tend à nous y tenir attachés ne vaut pas, selon eux, la lecture. C'est ainsi que des hommes embrassent des erreurs criminelles, & de honteux préjugés, & qu'ils deviennent méchants sous le spécieux prétexte de chercher la vérité.

Parmi ces Philosophes, il en est qui rendent gloire à l'Etre suprême dont ils professent l'évidente éxistence & l'unité ; qui respectent les principes des mœurs, la Providence du Dieu Vengeur & Rémunérateur sur les Sociétés, & qui admettent le Dogme de l'immortalité de l'ame. Ces Philosophes peuvent, sans doute, se glorifier d'avoir enrichi les sciences par des chefs-d'œuvres, & d'avoir trouvé, peut-être, les bornes du génie. C'est une lumiere qu'il seroit injuste de méconnoitre & dangereux de laisser éteindre. Utile à l'état de l'humanité entiére ; elle peut le devenir à la Religion même, que la saine Philosophie a souvent défendüe; mais une partie de ceux qui la professent la font servir à obscurcir la révélation, & ce mal, dit un grand Magistrat, le plus grand qu'on puisse faire à l'humanité, ne peut être compensé par aucun bien.

Tout ce que les nouveaux sistêmes reconnoissent & démontrent de vérités morales, n'est qu'une portion de la lumiére que Dieu révéla aux Nations. Mais elle veut éxister à part, ou même éclipser la lumiére universelle & supérieure de l'Evangile. Elle veut s'en rendre indépendante, & par-là elle se perd & se confond.

On voit que nous n'entendons pas ici par Philosophes, certains esprits, qui, sans avoir la premiere idée de ce qu'on appelle un raisonnement, se donnent quelquefois la licence de raisonner; de ceux qui ont passé leurs jours dans des éxercices qui n'ont aucun rapport aux matiéres qu'ils décident avec tant d'arrogance, & qui croyent, s'il est permis de parler ainsi, que la raison se commande, comme on commande une troupe de soldats.

Nous entendons par ceux qui méprisent la Religion en Philosophes, des hommes qui ont fait d'aussi profondes recherches pour se tromper, qu'on en doit faire pour prévénir l'erreur; qui se donnent autant de peine d'esprit pour pallier le mensonge, que l'on en doit prendre pour le dévoiler; qui ont autant lû, autant médité pour corrompre leur cœur, qu'on doit entreprendre de méditations & de lectures pour le garantir de la corruption.

Ce sont ces Philosophes qui lèvent aujourd'hui le front pour paroitre ce qu'ils sont, dit un grand Magistrat, sous le régne d'un Prince, qui par la maniére dont il gouverne ses peuples, ne cherche qu'à affermir dans leur cœur, la vérité du dogme & la pureté de la morale.

Ils préfentent les dogmes de la Religion comme des nouveautés introduites par la fucceffion des tems ; ils fe moquent de la difcipline & des ufages de l'Eglife, & font tous les efforts poffibles pour anéantir la vérité des faintes Ecritures & la révélation ; ils effayent de fapper les fondemens de la Religion, nient la Divinité de Jefus-Chrift, traitent de fabuleux ce que les Evangéliftes en rapportent, & tachent de faire paffer pour fuperftition les Sacremens & le culte des Saints. Ils expofent des contradictions entre les Auteurs divins, & taifent avec foin les explications claires qui concilient ces contrariétés apparentes. Il n'y a point de miracles, c'eft infulter Dieu que d'en fuppofer. Point de péché originel dans l'homme, point de liberté dans fa volonté, point de Providence générale ni particuliére. La matiére eft éternelle ; il n'y a de certitude que la Phifique & la Mathématique ; l'efpérance d'une vie future est une illusion; l'homme périt tout entier; on invective les actes consacrés par la Religion & on méprise les loix divines & humaines. On pouroit, disent-ils, comme par manière de grace, admettre une Religion naturelle dans laquelle on reconnoitroit un Dieu quelconque; mais quel Dieu y reconnoitroit-on, puisque, selon ces Philosophes, on n'a aucune idée de Dieu! qu'on ne peut le reconnoitre, & qu'on ne lui rendroit aucun Culte, sous prétexte qu'il n'a pas besoin de nous ? Enfin tout les choque, tout les offense, quoi qu'ils se fassent gloire de se ranger dans la classe des bêtes, en mettant l'homme à leur niveau, puisqu'ils n'admettent de bonheur que celui des sens & qu'ils consentent à périr comme elles.

Toutes ces nouveautés si dangéreuses ont été publiées dans des différens Ouvrages que la proscription a fait rechercher avec plus d'empressement, mais enfin

enfin elles viennent d'être rédigées en filtèmes, fous le nom de Mr. de Mirabau, ce n'eſt fûrement pas celui qui eſt connu fous le nom de l'ami des hommes, il en feroit le plus cruel ennemi ſi un tel Ouvrage étoit forti de fa plume.

De tels Philofophes, dit un des plus grands Orateurs de la Hollande, cité par un des plus grands Orateurs de la France, font ceux qui fe piquent le plus de bon air & de belles maniéres; ce n'eſt même fouvent que les fauſſes idées qu'ils s'en font formées, qui les déterminent au filtème de l'incrédulité. Ils trouvent que la raifon fent trop l'école & que la Foi eſt pédantefque; ils croyent que pour fe diſtinguer dans le monde, il faut affecter de ne point croire & de ne point raifonner. Il faut rejetter toutes les notions reçues & détruire tous les principes favorables à l'humanité. Quelle découverte pour un fiécle qu'on dit éclairé! N'a-t'on donc étudié que pour s'enfoncer dans les ténébres & pour parvenir à l'humiliante connoissance que les plus grands hommes, les plus sçavans, comme les plus ignorans, ne sont que des bêtes ?

De-là les vérités reconnuës par les plus grands hommes, pendant tant de siécles, ne sont plus que des mensonges, & les assertions téméraires de nos Philosophes, nés d'hier, sont véritables. Une troupe de semblables Missionnaires qui porteroit à la Chine de si excellentes découvertes, n'y obtiendroit-elle pas les honneurs du Mandarinat ? Ne flatteroient-ils pas beaucoup l'Empereur de ce pays là, s'ils lui apprenoient qu'il n'est qu'une bête, à la vérité moins bête que les sujets qui se laissent gouverner par lui, & qui ne plient sous son autorité, que comme la souris sous les griffes du chat ? Ils conviennent des bornes étroites de la raison & prétendent avoir porté leur vûe jusques dans les choses les plus impénétrables à l'esprit humain.

Les Philophes les plus sages de tous les tems & de tous les pays qui ont eu l'idée d'une Divinité suprème, distincte & séparée de la matiére ont été, selon eux, dans l'erreur, & les vestiges des principaux dogmes de la Religion révélée, sur les trois états du monde, qui se rencontrent dans la Théologie de toutes les nations, sont apocrifes.

Il ne faut que lire Herodote & Strabon pour s'instruire du sentiment des anciens Philosophes Persans sur la nature divine. * Eusebe, qui n'étoit rien moins que favorable aux Payens, dit avoir lû mot pour mot dans un livre de Zoroastre qui existoit de son tems, que " Dieu est le premier des incorruptibles, ,, éternel, non engendré. Il n'est point ,, composé de parties. Il n'y a rien de ,, semblable, ni d'égal à lui. Il est l'Au- ,, teur de tout bien, désintéressé, le

---

* Herod. Clio. Lib. 1. Edit. Franc. Strab. Lib. 15. Edit. Lut. Parif.

,, plus excellent de tous les Etres excel-
,, lens, & la plus fage de toutes les in-
,, telligences. Le pere de la Juſtice & des
,, bonnes Loix, inſtruit par lui ſeul,
,, ſuffiſant à lui-même, & le premier
,, producteur de la nature. *

Bayle, qui ne conſultoit pas toujours les originaux, a prétendu que les anciens Perſes étoient Manichéens; mais il ſeroit difficile de juſtifier cet Auteur d'avoir trop aimé l'obſcurité déſolante du Pyrrhoniſme. (*a*)

" Il ne faut pas, dit Plutarque, trans-
,, former, diſſoudre & diſſiper la Nature
,, divine en riviéres, en vents, en végé-
,, tations, en formes & en mouvemens
,, corporels. Ce ſeroit reſſembler à ceux
,, qui croyent que les voiles, les cables,
,, les cordages & l'ancre ſont le pilote;
,, que le fil, la trame & la navette ſont
,, le tiſſerand. Rien de matériel & de ſen-

---

\* Præp. Evang. Lib. 1. p. 42.
(*a*) Dict. mot Mani.

„ fible, continue-t'il, ne peut être en
„ Dieu. (a)

" Selon les Egyptiens, dit Jamblique,
„ le premier Dieu éxista dans son unité
„ solitaire avant tous les Etres. Il est sa
„ source & l'origine de tout ce qui est
„ intelligent ou intelligible. Il est le pre-
„ mier principe, suffisant à lui-même,
„ incompréhensible, & le Pere de toutes
„ les essences. (b)

Le Dieu des Poetes, n'est pas celui
des Philosophes; les Poetes divinisent toutes les différentes parties de la nature,
& donnent souvent de l'esprit au corps
& du corps aux esprits. Ils passent subi-
tement de l'allégorie au sens littéral,
des Dieux réels aux Dieux fabuleux.
" L'Etre sublime, dit Suidas, en rendant
„ compte de la Doctrine d'Orphée, est,
„ vie, lumiére, sagesse, & ces trois noms
„ marquent la même & unique puissan-

_____

(a) Plut. de Ind. p. 318.
(b) De Mist. Ægipt. p. 153. 154.

,, ce qui a tiré du néant tous les Etres
,, visibles & invisibles. ( *a* )

Nous chanterons, dit l'Auteur des Argonautiques, qui a suivi la Doctrine d'Orphée, un Hymne sur l'ancien Cahos, comment le Ciel, la mer & la terre en furent formés. Nous chanterons aussi l'amour parfait, sage & éternel, qui a débrouillé ce Cahos. ( *b* )

On sçait ce qu'Ovide dit de la création. ( *c* ) Homere & Virgile ont tenu le même langage, ainsi que les Poëtes liriques. Euripide reconnoit la dépendance de tous les Etres d'un seul principe. O Pere & Roi des hommes & des Dieux, dit-il, pourquoi croyons-nous, misérables mortels, sçavoir ou pouvoir quelque chose ? ( *d* ) Sophocle nous représente la Divinité comme une intelligence souveraine, qui est la vérité, la sagesse

---

( *a* ) Suid. de Orph. p. 350.
( *b* ) Argon. Steph. p. 71. Edit. Fugger.
( *c* ) Met. 1. p. 1.
( *d* ) Euryp. sup. act. 3. v. 734.

& la loi éternelle de tous les esprits. (*a*)

Pindare dit que Chiron apprenoit à Achile à adorer au-dessus de tous les autres Dieux Jupiter qui lance la foudre. (*b*)

C'est en vain, dit Plaute, que les mortels tâchent de corrompre celui qui commande aux nations par leurs offrandes & leurs sacrifices. Ils perdent leurs peines, car il a en horreur le culte des impies. (*c*)

Il n'y a rien de plus grand, dit Horace, que celui qui gouverne les mortels, la terre, les mers, & tout l'univers. Il n'y a rien de plus grand que lui, rien de semblable, rien d'égal à lui. (*d*)

" Pourquoi me demandez-vous, dit
,, Caton dans Lucain, ô Labienus, de
,, demander à l'oracle, si l'on doit mieux
,, aimer mourir libre, les armes à la
,, main, que de voir la tyrannie triom-

─────────

(*a*) In Oedip. Tyran.
(*b*) Pyth. od. 6. p. 265. Edit. Oxon.
(*c*) Plaute
(*d*) Lib. od. 12.

,, pher dans fa patrie ; fi cette vie mor-
,, telle, n'eſt que le rétardement d'une
,, immortalité heureuſe ; ſi la violence
,, peut nuire à un homme de bien ; ſi la
,, vertu ne nous rend point ſupérieurs
,, aux malheurs, & ſi la vraie gloire dé-
,, pend des ſuccès ? Nous ſçavons déja
,, ces vérités, & l'oracle ne peut pas nous
,, faire des réponſes plus claires que cel-
,, les que Dieu nous fait à tout moment
,, dans le fond de notre cœur..........La
,, Divinité habite ſurtout dans l'ame des
,, Juſtes. Pourquoi la chercher plus loin.
( a )

Thalés qui vivoit 600. ans avant l'ére chrétienne, diſoit que Dieu eſt plus ancien que tous les Etres ; qu'il eſt ſans commencement & ſans fin, & que rien ne lui eſt caché. Rien ne peut réſiſter, ajoutoit il, à la force du deſtin ; mais ce deſtin n'eſt autre que la raiſon immua-

---

( a ) Lucan. Lib. 9. v. 566.

ble & la puissance éternelle de la Providence. Il appelle l'ame un principe ou une nature qui se meut elle même pour la distinguer de la matiére. (*a*)

Dieu, dit Pythagore, n'est ni sensible, ni passible, mais invisible, purement intelligible. (*b*) Tout entier en soi il voit tous les Etres qui remplissent son immensité. Principe unique, lumiére du Ciel, Pere de tous, il produit tout, il arrange tout; il est la raison, la vie & le mouvement de tous les Etres. (*c*) Il définissoit l'ame, comme Thalés; un principe qui se meut lui-même. Ceux qui n'ont pas approfondi sa Philosophie ont prétendu qu'il regardoit la substance pensante comme matérielle; mais rien n'est moins fondé que cette prétention. Ils distinguoient toujours entre l'entendement ou l'esprit pur & l'ame ou le

---

(*a*) Flor. Olimp. L.
(*b*) Plut. Vita Numœ.
(*c*) Cohort. 1. ad Grec. p. 18. St. Just.

corps éthéreen. Ils regardoient l'un comme la source de nos pensées, l'autre comme la cause de nos mouvemens & les croyoient deux substances différentes.

Nous ne parlons point ici de la Métempsicose. Elle ne regardoit que les ames qui s'étoient dégradées & corrompues dans les corps mortels.

Suivant Anaxagore, au rapport d'Aristote, l'idée de la matiére ne renfermant pas celle de force, le mouvement ne pouvoit pas être une de ses propriétés : Il faut par conséquent, disoit-il, chercher ailleurs la cause de son activité. ( *a* ) Or ce principe actif en tant que cause du mouvement, il l'appelle l'ame, parce qu'il anime l'Univers. C'est d'après ce Philosophe que Descartes a expliqué les phénomènes de la nature par la matiére & le mouvement.

Dans l'apologie que Platon fait de

---

( *a* ) Arist. de anim. Lib. 1. c. 2, p. 619. Edit. Lut. Paris.

Socrate, il nous dit que ce Philosophe ne fut pas puni pour avoir nié qu'il y eût des Dieux inférieurs; mais parce qu'il déclamoit hautement contre les Poëtes qui attribuoient à ces Divinités des passions humaines & des crimes énormes. (*a*) " Croyez-vous, dit-il, à Aristo-
,, deme, que vous soyez le seul Etre in-
,, telligent ? Vous sçavez que vous ne
,, possédez qu'une petite parcelle de cette
,, matiere qui compose le monde, une
,, petite portion de l'eau qui l'arrose, une
,, étincelle de cette flamme qui l'anime.
,, L'intelligence vous appartient-elle en
,, propre ? L'avez-vous tellement retirée
,, & renfermée en vous-même, qu'elle ne
,, se trouve nulle part ailleurs ? Le ha-
,, zard fait-il tout, sans qu'il y ait aucu-
,, ne sagesse hors de vous ? ,, (*b*) Aristodeme ayant reconnu un Etre souverain

---

(*a*) Plat. Eutiph. p. 5. & 6.
(*b*) Xen. Mem. Soc. Edit. Basil. Lib. 1. p. 573.

doute cependant de la Providence, parce qu'il ne comprend pas comment elle peut tout voir à la fois ; mais Socrate lui réplique : " Si l'esprit qui réside dans votre
" corps le meut & le dispose selon sa
" volonté, pourquoi la sagesse souveraine qui préside à l'univers ne peut-elle
" pas aussi régler tout comme il lui plait ?
" Si votre œil peut voir les objets à la
" distance de plusieurs stades, pourquoi
" l'œil de Dieu ne peut-il pas tout voir
" à la fois ? Si votre ame peut penser en
" même tems à ce qui se passe à Athénes,
" en Egypte & en Sicile, pourquoi la Sagesse Divine ne peut-elle pas avoir soin
" de tout, étant présente par tout à son
" ouvrage ? (*a*)

Socrate sçachant bien que l'incrédulité d'Aristodeme venoit plutôt de son cœur que de son esprit conclut par ces paroles : *Appliquez-vous, Aristodeme,*

―――――――――

(*a*) Eodem loco.

*sincérement à adorer Dieu, il vous éclairera & tous vos doutes se dissiperont bientôt.*

Platon disciple de Socrate suivit les mêmes principes. " Les Dieux, dit-il, ont soin des plus petites choses, comme des plus grandes, & la Divinité étant la vertu même, étend sa Providence sur tout. (*a*) Il enseigne que tôt ou tard Dieu rend à chacun selon ses œuvres. Les bons, qui ont été malheureux dans ce siécle, sont, dit-il, récompensés dans l'autre, & les méchants qui ont toujours joui des plaisirs du siécle, sont punis dans les enfers. S'il appelle quelquefois le monde éternel, ce n'est qu'à l'égard de son exemplaire. L'exemplaire du monde, dit-il, est de toute éternité, & le monde, ce monde visible est depuis le commencement du tems, & il subsistera ainsi toujours unique. (*b*)

---

(*a*) Olimp. c.
(*b*) Plat. de Leg. L. 4.

Ariſtote diſciple de Platon appelle Dieu l'Etre éternel & vivant, le plus noble de tous les Etres, une ſubſtance totalement diſtincte de la matiére; ſans étenduë, ſans diviſion, ſans parties, & ſans ſucceſſion; qui comprend tout par un ſeul acte, qui demeurant immobile en ſoi, remue tout, & qui poſſéde en lui-même un bonheur parfait, parce qu'il ſe connoit lui-même & ſe contemple avec un plaiſir infini. (*a*)

Il dit ailleurs que le premier principe n'eſt ni le feu, ni la terre, ni l'eau, ni rien de ſenſible; mais que l'eſprit eſt la cauſe de l'Univers & la ſource de tout ordre, & de toutes les beautés du monde, auſſi-bien que de tous les mouvemens & de toutes les formes qu'on y admire; (*b*) ce qui prouve qu'Ariſtote ne ſoutenoit l'éternité du monde, que

---

(*a*) Ariſt. Metaph. Lib. 14. c. 7. p. 1000. Edit. Pariſ. 1629.
(*b*) Met. Lib. 1. c. 2. & 3. p. 844. & 45.

comme d'une émanation postérieure en nature à l'intelligence divine, qui étant tout acte & toute énergie, ne pouvoit pas demeurer dans l'oisiveté.

Ciceron qui vivoit dans un tems où la corruption des mœurs & le libertinage d'esprit étoient parvenus à leur comble, & que la secte d'Epicure avoit prévalu à Rome sur celle de Pythagore, les esprits les plus sages, en raisonnant sur la nature divine, se contentoient de flotter entre les deux opinions, d'une intelligence souveraine & d'une nature aveugle. Ciceron dans son traité de la nature des Dieux, plaide la cause des Académiciens qui doutoient de tout ; mais on doit observer qu'il refute fort bien Epicure dans son premier livre, & que les objections qu'il fait dans son troisiéme comme Académicien, sont beaucoup plus foibles que les preuves fondées sur les merveilles de la nature qu'il rapporte dans son second livre pour démontrer l'éxistence d'une intelligence souveraine. (*a*)

Séneque le Stoïcien Précepteur de Néron, qui vivoit dans un siècle où le Christianisme n'étoit pas assez respecté pour que les Payens en empruntassent des lumieres philosophiques dit, que de quelque nom on appelle la premiere Nature & la divine Raison qui préside à l'Univers, & qui en remplit toutes les parties, c'est toujours le même Dieu. (*b*)

" Tout ouvrier, dit Séneque après
„ Platon, a un modele sur lequel il for-
„ me son ouvrage. N'importe si ce mo-
„ dele éxiste hors de lui, devant ses
„ yeux, ou s'il se forme en lui par l'ef-
„ fort de son propre génie. Dieu produi-
„ sit ainsi au dedans de lui-même ce
„ modele parfait qui est la proportion,

---

(*a*) Cic. de Leg. Edit. Amst. 1661. Lib. 1. p. 1188. &c.
(*b*) Senec. Edit. Ant. à Lips. de Benef. Lib. 4. p. 311.

l'ordre

DES PHILOSOPHES MODERNES. 25

„ l'ordre & la beauté de tous les Etres. Les anciens, dit-il ailleurs, ne croyoient „ point Jupiter tel que nous le repré- „ fentons dans le Capitole & dans les „ autres édifices publics. Ils entendoient „ par Jupiter le Gardien & le Gouver- „ neur de l'Univers, l'Entendement & „ l'Efprit, le Maître & l'Ouvrier de „ cette grande Machine. (*a*)

On voit avec admiration dans les ouvrages d'Epictete, d'Arrien fon difciple & de Marc-Antonin des régles de morale dignes du Chriftianifme.

Ce ne fut que vers la cinquantiéme Olimpiade, fix cens ans avant l'Ere Chrétienne que les Grecs ayant perdu les fciences traditionelles des Orientaux, négligérent la Doctrine des Anciens & commencerent à raifonner fur la Nature Divine par les préjugés des fens & de l'imagination. Anaximandre qui vivoit

---

(*a*) Senec. Epift. 65. p. 493.

C

alors fut le premier qui voulut bannir de l'Univers le fentiment d'une intelligence fouveraine, pour réduire tout à l'action d'une matiére aveugle, qui prend néceffairement toutes fortes de formes. Leucippe, Democrite, Epicure, Straton, Lucrece & toute l'Ecole des Atomiftes le fuivirent; mais Pythagore, Anaxagore, Socrate, Platon, Ariftote & tous les grands hommes de la Grece fe fouleverent contre cette Doctrine, & tâcherent de rétablir l'ancienne Théologie des Orientaux. ( *a* )

Le fiécle dernier vit renouveller le monftrueux fiftème d'Anaximandre, & le nôtre voudroit le mettre en crédit. Spinofa tâcha d'éblouir les ames foibles, en donnant une forme géométrique à

---

( *a* ) La Grece s'étant ainfi partagée en deux fectes, on difputa long-tems fans fe convaincre, & vers la 120. Olimpiade, Pyrrhon forma une troifiéme fecte, dont le grand principe eft de douter de tout.

ce sistême, & quelques-uns de ses disciples sentant que l'évidence leur échape à tout moment dans les prétendues démonstrations de leur maitre, sont tombés dans une espece de Pyrronisme insensé, nommé l'*Egoïsme*, où chacun se croit le seul être éxistant. Les plus habiles Métaphysiciens ont victorieusement combattu ces erreurs, & confirmé par leurs raisonnemens l'ancienne Théologie. Ils ajoutent aux preuves tirées des effets, celle qui résulte de l'idée de la premiere cause, & font sentir que les raisons de croire sont infiniment plus fortes que celles qu'on a de douter. (*a*)

Les hommes se sont toujours ressemblés; l'histoire des tems passés est semblable à celle de nos jours. L'esprit humain prend à peu près les mêmes formes dans les différens siécles. Il s'égare dans les mêmes routes. Il y a des erreurs plus ou

---

(*a*) Descartes, Malebranche, Leibnitz, Bentley, Clarck, & plusieurs autres.

moins contagieufes ; il y a des maladies périodiques pour l'efprit comme pour les corps.

Le mal phyfique & moral fut regardé comme un phénomene choquant dans l'ouvrage d'un Etre infiniment fage, bon & puiffant. La raifon dictoit que ce qui eft fouverainement bon, ne peut rien produire de méchant, ni de malheureux. De-là on concluoit que les ames n'étoient pas ce qu'elles avoient été d'abord, qu'elles s'étoient dégradées par quelques fautes qu'elles avoient commifes dans un état précédent, que cet vie eft un lieu d'exil & d'expiation, & qu'enfin tous les Etres feroient rétablis dans l'ordre.

Ces idées philofophiques avoient encore une autre origine. La tradition s'uniffoit à la raifon, & avoit répandu, chez toutes les nations, certaines opinions communes fur les trois états du monde.

Platon s'oppofa à la Secte prophane de Démocrite & d'Epicure qui nioient la

Providence éternelle à cause du mal physique & moral. (*a*) Ce Philosophe considére l'univers comme une immensité remplie d'intelligences libres qui habitent & qui animent des mondes infinis. Ces intelligences sont capables d'une double félicité, l'une en contemplant l'Essence divine, l'autre en admirant ses ouvrages. Lorsque les ames ne font plus consister leur bonheur dans la connoissance de la vérité, & que les plaisirs inférieurs les détachent de l'amour de l'Essence suprème, elles sont précipitées dans quelque planette pour y subir des peines expiatrices, jusqu'à ce qu'elles soient guéries par les souffrances C'est par ce système que les Philosophes payens ont tâché d'expliquer l'origine du mal; & voici leur raisonnement : Si les ames pouvoient contempler sans cesse l'Essence divine par un regard immédiat, elles seroient impéccables. La vûe du bien sou-

_____

(*a*) Tim. p. 1043. 1216. 1222. 1223.

verain entraineroit néceſſairement tout l'amour de la volonté. Ainſi pour expliquer la chûte des Eſprits, il falloit ſuppoſer un intervale où l'ame ſort de la préſence divine, & quitte le lieu ſublime pour admirer les beautés de la nature; & c'eſt dans ces intervales où elle devient infidele.

Pythagore puiſe la même doctrine chez les Egyptiens. Le méchant, dit Hieroclés, ne veut pas que l'ame ſoit immortelle, de peur de ne vivre après la mort que pour ſouffrir. (*a*)

Plutarque après avoir donné une explication des allégories égyptiennes, en raconte les Explications Phyſiques; mais il les rejette toutes, & en revient à la doctrine qu'Oſiris n'eſt ni le ſoleil, ni l'eau, ni la terre, ni le Ciel; mais tout ce qu'il y a dans la nature de bien ordonné, de bien diſpoſé, de bon & de parfait eſt l'image d'Oſiris. Typhon n'eſt

---

(*a*) Hieroc. comm. in aurea Carm. p. 187.

ni la sécheresse, ni le feu, ni la mer, mais tout ce qu'il y a dans la nature de nuisible, d'inconstant & de déréglé. (*a*)

Plutarque va plus loin dans un autre traité; il explique l'origine du mal par un raisonnement également solide & subtil. " L'ouvrier, dit-il, parfaitement bon,
,, fit d'abord toutes choses, autant qu'il
,, étoit possible, semblables à lui-même.
,, Le monde reçut, en naissant, de celui
,, qui le fit toutes sortes de biens. Il tient
,, d'une disposition étrangere, tout ce
,, qu'il a de malheureux & de méchant.
,, Dieu ne peut pas être la cause du mal,
,, parce qu'elle n'a point de force; mais
,, le mal vient d'un troisieme principe,
,, qui n'est ni si parfait que Dieu, ni si
,, imparfait que la matiere. Ce troisieme
,, Etre, c'est la nature intelligente qui a
,, au dedans de soi-même une source,
,, un principe & une cause de mouve-
,, ment. (*b*)

---

(*a*) *Idem* p. 376.
(*b*) Plut. de anim. format. p. 1015.

Les Ecoles de Pythagore & de Platon foutenoient la liberté. Le premier, l'exprime par la nature de l'ame ; c'eſt-à-dire par l'amour du beau & le goût du plaiſir qui peuvent ſe ſéparer. Plutarque ſuit les mêmes principes, & fait conſiſter la liberté dans l'activité de l'ame, laquelle eſt la ſource de ſes déterminations.

Ce ſentiment, comme on voit, n'eſt pas nouveau. Il eſt naturel & philoſophique ; & c'eſt de cette activité que dépend la liberté. Nous pouvons toujours penſer à d'autres biens qu'à ceux auxquels nous penſons actuellement. Nous pouvons toujours ſuſpendre notre conſentement pour voir ſi le bien dont nous jouiſſons eſt ou n'eſt pas le vrai bien. Notre liberté ne conſiſte pas à vouloir, ni à préférer le moindre bien à ce qui nous paroît le plus grand ; mais à éxaminer ſi le bien préſent eſt un bien réel ou s'il eſt imaginaire. L'ame n'eſt libre que lorſqu'elle eſt placée entre deux objets qui paroissent dignes de quelques choix. Elle n'est jamais entrainée invinciblement par l'impression d'aucun bien fini, parce qu'elle peut penser à d'autres biens plus grands, par-là découvrir un attrait supérieur qui suffit pour l'enlever au bien apparent & trompeur. S'arreter plus longtems à prouver une vérité que l'expérience journaliere démontre, ce seroit mal user du tems.

Il est vrai que par le sentiment vif que nous causent les passions, elles occupent quelquefois toute la capacité de l'ame, & l'empèchent de réfléchir; qu'elles déguisent & transforment tous les objets; mais quelques fortes qu'elles soient, elles ne sont jamais invincibles. Il est difficile, mais il n'est pas impossible de les surmonter. Il est toujours dans notre pouvoir d'en diminuer peu à peu la force, & d'en prévenir les excès. Tel est le combat de l'homme sur la terre & le triomphe de la vertu.

Les Payens qui reconnurent cette Tyrannie des passions, sentirent par la lumiere naturelle la nécessité d'une Puissance céleste pour les vaincre; & c'est pour cette raison qu'ils représentent toujours la vertu comme une force divine qui descend du Ciel. Ils introduisent sans cesse dans leurs Poëmes des Divinités protectrices qui nous inspirent, nous éclairent & nous fortifient pour marquer que les vertus héroïques ne peuvent venir que des Dieux seuls. C'est par ces principes que la sage Antiquité a toujours combattu la *Fatalité* qui détruit également la Réligion, la Morale & la Societé.

Il est vrai que dans tous les sistèmes des Philosophes anciens, on voit que pour réfuter les objections sur l'origine & la durée du mal, ils avoient adopté la doctrine de la prééxistence des ames & de leur rétablissement; mais elle montre toujours qu'ils avoient employé cette reſſource contre l'impieté, & qu'avec la ſeule raiſon, on peut confondre les Philoſophes qui refuſent de croire ſans comprendre.

Les Philoſophes ont toujours ſenti l'intérêt qu'ils avoient à ſe connoitre. Ils en étoient tout occupés; mais qu'ils ayent pû parvenir à cette connoiſſance, c'eſt ce que nous ne voyons pas. Jugeant que puiſqu'ils vivoient, il y avoit en eux un principe de vie, ils chercherent ce que c'étoit que ce principe, auquel ils donnerent par avance le nom d'ame. C'eſt ainſi qu'en comparant ce que nous voyons clairement hors de nous avec ce que nous aprouvons au fond de notre être, nous concluons que nous ſommes compoſés de deux ſubſtances bien différentes l'une de l'autre; d'une ſubſtance qui n'eſt que diviſible & figurable, & d'une ſubſtance qui n'eſt que penſante & ſenſible. Car dira-t'on qu'une portion de matiere par le ſeul arrangement de ſes parties, peut distinguer la lumiere des ténébres ? Consulter, choisir, distinguer entre le bon & le mauvais, que les idées de l'Infini & du souverainement Parfait sont dans cet arrangement? Qu'il y a tout à la fois entendement, volonté, liberté, amour, connoissance & tendance vers un objet apperçu. L'orgueil peut bien inventer des opinions pour couvrir l'ignorance, & lui donner un beau nom ; mais au fond ces opinions sont toujours impuissantes ; & quelqu'effort qu'on fasse, on en sent toujours l'inutilité & le vuide.

„ Toute la Philosophie de Newton,
„ dit Mr. de Voltaire. (*a*) conduit né-
„ cessairement à la connoissance d'un
„ Etre suprême, qui a tout créé, tout
„ arrangé librement. Car, si selon Nev-
„ vton & selon la raison, ajoute-t'il,
„ le monde est fini, s'il y a du vuide,
„ la matiere n'éxiste donc pas nécessai-
„ rement ; elle a donc reçu l'éxistence

---

(*a*) Métaph. de Neuyvton, page 2.

„ d'une cause libre. Si la matiere gravite,
„ comme cela est démontré, elle ne gra-
„ vite pas de sa nature, elle a donc reçu
„ de Dieu sa gravitation. Si les planettes
„ tournent en un sens, plutôt qu'en un
„ autre, dans un espace non résistant,
„ la main du Créateur a donc dirigé leurs
„ cours en ce sens avec une liberté abso-
„ solue.

Les desseins variés à l'infini qui écla-
tent dans les plus vastes & dans les plus
petites parties de l'Univers, étoient aux
yeux de Newton la plus forte des preuves de l'éxistence de Dieu. Il pensoit que
ces rapports infinis qu'il appercevoit,
plus qu'un autre, étoient l'ouvrage d'un
Artisan infiniment habile. Il ne goûtoit
pas beaucoup la grande preuve qui se
tire de la succession des Etres ; car si les
hommes, les animaux, les végétaux &
tout ce qui compose le monde étoit éternel, on seroit forcé d'admettre une suite
de génération sans cause. Ces Etres n'au-

roient point d'origine de leur éxistence ; ils n'en auroient point d'extérieure, puisqu'ils seroient supposés remonter de génération en génération sans commencement : ils n'en auroient point d'intérieure, puisqu'aucun d'eux n'éxisteroit par soi-même ; ainsi tout seroit effet & rien ne seroit cause. En un mot, dit toujours Mr. de Voltaire, je ne sçai s'il y a une preuve métaphysique plus frapante, & qui parle plus fortement à l'homme, que cet ordre admirable qui régne dans le monde, & si jamais il y a eu un plus bel argument que ce Verset : *Cœli enarrant Gloriam Dei* ( a )

Il suppose des Etres pensans placés alternativement dans différens climats de la terre & qui puissent vivre assez longtems pour voir d'un côté tous les maux qui attaquent souvent l'humanité; alors, dit-il, ces Etres pensans ne trouvant dans ce cahos qu'horreur, que con-

---
( a ) *Idem* page 6.

fusion & malfaisance, se rendront-ils aux argumens qui prouvent un Etre souverainement sage & bienfaisant ? Ils penseroient, sans doute, comme plusieurs des Philosophes Modernes pensent; mais si de l'autre on les place dans un climat tempéré, où ils puissent admirer le cours régulier des astres, entrer dans le détail immense des biens prodigués autour de nous & en nous, pour voir partout des principes & des conséquences, & des biens infinis, il n'y aura pour eux aucun argument Métaphysique plus fort & plus concluant. On m'a assuré, ajoute Mr. de Voltaire, que Nevvton ne trouvoit point de raisonnement plus convainquant & plus beau en faveur de la Divinité que celui de Platon qui fait dire à un de ses interlocuteurs : vous jugez que j'ai une ame intelligente, parce que vous appercevez de l'ordre dans mes paroles & dans mes actions; jugez donc en voyant l'ordre de ce monde, qu'il y a une ame souverainement intelligente. (*a*)

Newton étoit persuadé que l'ame est une sustance simple, immatérielle & impérissable; mais il ne s'étoit point fait de sistême sur la maniere dont l'ame est unie au corps & sur la formation des Idées; ennemi des sistêmes il ne jugeoit de rien que par analyse, & lorsque ce flambeau lui manquoit il sçavoit s'arrêter. Si tous les Philosophes eussent suivi une méthode si sage, combien d'erreurs dangéreuses n'auroient-ils pas évitées; & combien d'objets philosophiques ne sont pas du nombre des choses dont le méchanisme sera toujours ignoré? Il est vrai qu'on doit convenir avec Mr. de Voltaire que c'est une triste maniere de conclure, mais presque la seule qui convienne à l'homme en plus d'un point de Métaphysique.

" Il me semble, dit toujours Mr. de
" Voltaire, que si l'on peut trouver un

---

(a) *Idem*, page 8.

# DES PHILOSOPHES MODERNES. 41

,, feul cas où l'homme foit véritablement
,, libre d'une liberté d'indifférence, nous
,, fommes maitres de nous déterminer
,, par notre feule volonté dans les chofes
,, indifférentes. Qu'on me propofe, ajou-
,, t'il, de me tourner à droite ou à gau-
,, che, ou de faire telle autre action à
,, laquelle aucun plaifir ne m'entraine,
,, & dont aucun dégoût ne me détour-
,, ne : Je choifis alors, & certainement je
,, ne fuis pas le Dictamen de mon enten-
,, dement qui me repréfente le meilleur,
,, car il n'y a ici ni meilleur ni pire.
,, J'éxerce donc le droit que m'a donné
,, le Créateur de vouloir & d'agir en cer-
,, tains cas, fans autre raifon que ma
,, volonté même. (*a*)

Il paroit donc probable que nous avons
la liberté d'indifférence dans les chofes
indifférentes ; mais ce font des fottifes,
dit l'Auteur du Dictionnaire Philofophique. Il n'y a point de liberté d'indiffé-

---

(*a*) *Idem*, page 24.

rence ; c'est un mot destitué de sens, inventé par des gens qui n'en avoient guéres. ( *a* ) C'est une façon de conclure très-cavaliere, il auroit dû au moins respecter le sçavant que nous venons de citer, & qui nous dit que la liberté une fois établie, ce n'est pas à nous à déterminer comment Dieu prévoit ce que nous ferons librement. Nous ne sçavons pas, ajoute-t'il, de quelle maniére Dieu voit actuellement ce qui se passe, nous n'avons aucune idée de sa façon de voir ; pourquoi en aurions nous de la façon de prévoir ? Tous ses attributs nous doivent être également incompréhensibles. ( *b* ) Que d'humilité dans le premier de ces Auteurs,& que d'arrogance & de suffisance dans le second !

Le grand Nevvton pensoit que la disposition que nous avons tous à vivre en

---

( *a* ) Dict. philos. art. Liberté , page 246, sous le nom de Londres.

( *b* ) Mét. de Nevvton, page 27.

societé est le fondement de la Loi naturelle que le Christianisme perfectionne. Je puis affirmer, dit Mr. de Voltaire, qu'il a cherché la vérité avec la plus grande sincérité dont le cœur humain soit capable, & avec les plus grandes lumieres que jamais Dieu ait accordées à un homme. (*a*)

" Je ne doute pas, dit Locke, que
" Dieu ne puisse donner l'immortalité à
" une substance matérielle; mais c'est
" beaucoup diminuer l'évidence de l'im-
" mortalité que de la faire dépendre en-
" tierement de ce que Dieu lui donne,
" ce dont elle n'est pas capable de sa
" propre nature. Il soutient que c'est
" dire nettement que la fidélité de Dieu
" n'est pas un fondement assez sûr pour
" pour s'y reposer, sans le concours du
" témoignage de la raison ; ce qui est au-
" tant que si on disoit que Dieu ne doit

---

(a) *Idem*, page 17.

„ pas être crû sur sa parole, ce qui soit
„ dit sans blasphême, à moins que ce
„ qu'il révéle ne soit en soi si croya-
„ ble qu'on en puisse être persuadé sans
„ révélation. Pour moi, je crois, ajoute-
„ t'il, qu'encore qu'on ne puisse pas
„ montrer que l'ame est immatérielle,
„ cela ne diminue nullement l'évidence
„ de son immortalité, si Dieu l'a révé-
„ lée, parce que la fidélité de Dieu est
„ une démonstration de la vérité de tout
„ ce qu'il révéle, & que le manquement
„ d'une autre démonstration ne rend pas
„ douteuse une proposition démontrée.
( a )

C'est sur la premiere supposition de cet Auteur, dégagée de toutes ses réflexions, que les Matérialistes modernes ont construit leur sistème, & qu'ils appuyent de son autorité, comme infaillible en matiere philosophique.

---

( a ) Essai sur l'Entendement humain traduc. de Coste.

## DES PHILOSOPHES MODERNES. 45

" Par étendue ou corps, dit le Pere
" Malebranche, j'entends une même
" chose ; toutes les modifications dont
" l'étendue est capable, ne consistent
" qu'en diverses figures ; ou si l'on
" veut, dans des figures & des mouve-
" mens. La pensée, le désir, la douleur
" ne sont donc point, continue-t'il, des
" modifications de l'étendue. Or je sens
" que je pense, que je veux, que je dé-
" sire, que je souffre. Donc mon ame,
" quoique ce puisse être, n'est point la
" modalité de mon corps, ou de l'éten-
" due dont il est composé. Donc mon
" ame n'est point matérielle.

" Cela supposé, il est évident qu'elle
" est immortelle ; car il n'y a que les Mo-
" dalistes qui périssent. Les substances
" ne peuvent point rentrer dans le néant,
" de même que les substances ne peu-
" point se tirer du néant. Le passage de
" l'être au néant & du néant à l'être,
" étant également impossibles aux forces

„ ordinaires de la nature. De plus, les
„ substances n'étant telles que parce qu'-
„ elles subsistent en elles mêmes, l'a-
„ néantissement de l'une ne peut contri-
„ buer en rien à l'anéantissement d'au-
„ cune autre. Donc la destruction du
„ corps ou son anéantissement, s'il étoit
„ possible, n'emporteroit point l'anéan-
„ tissement de l'ame, mais seulement de
„ toutes les modifications du corps. Je
„ prétens, continue-t'il, que cela est
„ une démonstration de la spiritualité &
„ & de l'immortalité de l'ame, & même
„ que c'est la démonstration la plus sim-
„ ple & la plus directe qu'on puisse se
„ former. ( *a* )

Les Philosophes qui ont voulu prouver que la matière pense par elle même, ont donné dans la plus considérable des erreurs. Le vulgaire se trompe souvent sans raisonner, & ils erroient par prin-

---

( *a* ). Réponse à Mr. Arnaud.

cipe ; aucun d'eux n'a pû jamais rien trouver dans la matiére qui pût prouver que l'intelligence est nécessaire à sa nature.

Platon dans un de ses Dialogues définit Dieu, la cause productrice qui fait éxister ce qui n'étoit pas auparavant : *Effectricem facultatem dicimus vim quamdam, quæ causa est ut sint postea quæ antè non fuerant Plato in dialog.* ( a ) La matiére selon ce Philosophe n'est point éternelle. Aidé de la seule lumiére naturelle il connut la création, & cette vérité ne renferme aucune contradiction. Quand Dieu crée, il ne tire pas l'Etre du néant, comme d'un sujet sur lequel il opére ; mais il fait éxister ce qui n'étoit pas précédemment. L'idée de puissance infinie suppose nécessairement celle de pouvoir produire de nouvelles substances aussi bien que de nouvelles formes. Faire éxis-

---
( a ) Soph. p CLXXXV. Marsilo sicino interprete Francof. 1602.

ter une substance qui n'éxistoit pas auparavant, ne paroit pas plus inconcevable que de faire éxister une forme qui n'étoit pas auparavant, puisque dans l'un & dans l'autre cas on produit un Etre nouveau. Ce passage du néant à l'Etre embarasse également dans tous les deux : or comme on ne nie pas qu'il y ait une force mouvante, quoiqu'on ne conçoive pas comment elle agit, on ne doit pas nier qu'il y ait une Puissance créatrice, parce qu'on n'en a pas une idée claire. *Possumus ne dubitare*, dit Ciceron. ( Tusc. quest. Lib. 1. page. 1059. ) *quin mundo præsit aliquis effector, ut Platoni videtur, vel moderator tanti operis, ut Aristoteli placet.*

L'expérience nous montre que l'ame & le corps sont deux êtres, qui n'ont rien de commun, & que notre corps obéit tantôt à notre volonté, & tantôt la maîtrise quand nous ne réprimons pas nos passions.

Ce que nous avons dit jufqu'ici prouve affez, ce nous femble, que les plus fages d'entre les hommes ont toujours crû l'éxiftence d'un Dieu fouverainement puiffant, fouverainement fage & fouverainement parfait & bon. La raifon nous l'ayant fait connoitre comme l'Etre éxiftant par lui-même & le fouverain Seigneur de toutes chofes, & en particulier comme notre Créateur, notre confervateur & notre bienfaiteur, il s'enfuit que nous devons néceffairement reconnoitre la fouveraine perfection de cet Etre fuprême & la dépendance abfolue où nous fommes de lui : ce qui par une conféquence naturelle produit en nous des fentimens de refpect, d'amour & de crainte avec un entier dévoüement à fa volonté ; car, pourquoi Dieu fe feroit-il ainfi manifefté aux hommes par la raifon, fi ce n'eft afin que les hommes le connoiffant, ayent de lui des fentimens proportionnés à l'excellence de fa nature c'est-à-dire qu'ils l'honorent, qu'ils l'aiment, qu'ils l'adorent, & lui obéissent en toutes choses ?

Un respect infini est l'effet naturel de l'impression que fait en nous la vûe de toutes les perfections Divines. L'amour & la reconnoissance ne peuvent se refuser à un Etre souverainement bienfaisant. La crainte de lui déplaire & de l'offenser, est une suite naturelle de l'idée que nous avons de sa justice & de sa puissance ; & l'obéissance ne peut que suivre de la connoissance de sa légitime autorité sur nous, de sa bonté & de sa haute sagesse, qui nous conduit toujours par la voye la plus convenable à notre nature & à notre bonheur ; l'assemblage de tous ces sentimens bien gravés dans le cœur se nomme piété, qui fait un des plus grands ornemens de l'homme.

La piété, si elle est bien réelle, se manifeste au-dehors en deux maniéres, par les mœurs & par le culte. Par les mœurs, parce qu'un homme pieux & véritablement pénétré des sentimens dont nous parlons, se trouve naturellement porté à parler & à agir de la maniére qu'il sçait être la plus conforme à la volonté & aux perfections de Dieu. C'est là sa régle & son modéle, d'où résulte la pratique des plus excellentes vertus.

Mais outre cette maniére d'honorer Dieu qui est, sans contredit, la plus nécessaire & la plus réelle, un homme Religieux se fera un devoir & un plaisir de fortifier en lui ces sentimens de piété, & de les exciter chez les autres. De-là dérive le culte extérieur tant particulier que public. Car, soit que l'on envisage ce culte comme étant le premier & presque le seul moyen d'exciter, d'entretenir & de perfectionner dans le cœur les sentimens de Religion & de piété; soit qu'on le considére comme un hommage que les hommes réunis par des sociétés particuliéres ou publiques, rendent à Dieu en commun; soit que l'on joigne ces deux vûes, la raison nous en fait un devoir d'une nécessité indispensable.

C'est ce qui distingue particuliérement l'homme du reste des animaux, parcequ'il y a plusieurs bêtes qui font paroitre dans leurs actions quelques étincelles de raison, au lieu qu'il n'y en a pas une seule qui fasse aucune démarche qui approche du culte religieux. Il est certain que la pente naturelle de tous les hommes à pratiquer un culte religieux & à implorer le secours d'un Etre suprême dans les périls & les calamités où ils se trouvent, que la gratitude dont leur ame est touchée envers un Supérieur invisible, lorsqu'ils reçoivent quelque faveur extraordinaire & à laquelle ils ne s'attendoient pas, que l'amour & l'admiration qui les saisissent toutes les fois qu'ils méditent sur les perfections divines, & que le consentement universel de tous les peuples à l'égard de cet article capital, il est certain que tout cela forme une preuve convaincante que le culte religieux doit venir d'une tradition émanée de quelque premier fondateur du genre humain, ou qu'il est une suite de la raison, comme nous venons de le dire, ou qu'il découle d'un instinct que la nature a placé dans l'ame; enfin, il semble que toutes ces causes contribuent à produire le même effet; mais qu'on assigne celle qu'on voudra pour le principe immédiat du culte religieux, on doit convenir qu'elles nous indiquent toutes un Être souverain, comme celui qui en est l'Auteur.

Ce culte peut bien varier quant à la forme; mais il y a pourtant un principe naturel qui en détermine le fond & l'essence & qui en écarte les pratiques frivoles & superstitieuses. C'est qu'il doit consister à instruire les hommes & à les rendre pieux & vertueux en leur donnant de justes idées de la nature de Dieu & de ce qu'il éxige de nous.

Tous ces devoirs conſtituent la Religion, qu'on peut définir, comme le lien qui attache l'homme à Dieu & à l'obſervation de ſes loix, par les ſentimens de reſpect, d'amour, de ſoumiſſion & de crainte qu'excitent dans notre eſprit les perfections de l'Etre ſuprême & l'entiére dépendance où nous ſommes de lui, comme de notre Créateur rempli de ſageſſe & de bonté.

C'eſt ainſi qu'en étudiant notre nature & notre état nous trouvons dans la rélation que nous avons avec Dieu, le principe propre d'où dérivent immédiatement les devoirs de la Loi naturelle qui ont Dieu pour objet.

Si l'on cherche les principes des devoirs qui nous regardent nous-mêmes, on découvrira, en examinant, quelle eſt la conſtitution intérieure de l'homme, quelles ont été les vûes du Créateur par raport à lui, & pour quelles fins il lui a donné ces facultés d'eſprit & de corps qui conſtituent ſa nature.

DES PHILOSOPHES MODERNES. 55

Or il est évident que Dieu en nous créant s'est proposé notre conservation & notre bonheur. C'est ce qui paroit manifestement, & par les facultés dont l'homme est enrichi, qui tendent toutes à ces fins, & par cette forte inclination qui nous porte à rechercher le bien & à fuir le mal. Dieu veut donc que chacun travaille à sa conservation & à sa perfection, pour acquérir tout le bonheur dont il est capable, & conformement à sa nature & à son état.

L'amour de soi-même raisonnable & éclairé, peut donc tenir lieu de premier principe à l'égard des devoirs qui concernent l'homme lui-même; en tant que ce sentiment étant inséparable de la nature humaine, & ayant Dieu pour Auteur, nous fait connoître clairement quelle est à cet égard la volonté de l'Être suprême.

Mais cet amour de nous-mêmes ne peut nous servir ici de principe qu'autant qu'il est dirigé par la droite raison. Car ce n'est que de cette maniere qu'il devient pour nous l'interpréte de la volonté du Créateur ; c'est-à-dire, qu'il doit être ménagé de telle maniere qu'il ne blesse ni les Loix de la Réligion, ni celles de la Sociabilité. Autrement cet amour devient la source de mille injustices ; & loin de nous être utile, il nous devient préjudiciable par le contre-coup que ces mêmes injustices ne manquent pas de nous porter de la part de nos semblables.

Le désir de notre bonheur emporte nécessairement le soin de notre conservation. Il veut ensuite que toutes choses égales, le soin de l'ame ait la préférence sur celui du corps. Il ne faut rien négliger pour perfectionner notre raison, en apprenant à discerner le vrai du faux, l'utile du nuisible, pour acquerir une juste connoissance des choses qui nous intéressent, & pour en bien juger. C'est en cela que consiste la perfection de l'entendement

tendement ou la sagesse. Il faut se déterminer ensuite, nonobstant toute suggestion & toute passion contraire, & agir constamment suivant cette lumiere. Car c'est cette force ou cette persévérance de l'ame à suivre les conseils de la sagesse, qui constitue la vertu, & qui fait la perfection de la volonté, sans quoi les lumieres de l'entendement ne seroient d'aucun usage.

Il est vrai que le meilleur moyen de connoitre la volonté de Dieu, seroit une déclaration expresse de sa part. Mais, si en raisonnant en simple Philosophe, on ne peut faire usage d'une preuve si décisive, rien n'empêche, en qualité de Chrétiens, de se prévaloir de l'avantage que donne la révélation, pour fortifier nos conjectures.

Rien n'en montre mieux la solidité que la déclaration positive de Dieu sur ce point important. Car, puisqu'il paroit par le fait que Dieu veut récompenser la vertu, & punir le vice dans une autre vie, on ne peut plus douter que cela ne soit conforme à sa sagesse, à sa bonté, à sa justice. Les preuves que l'on tire de la nature de l'homme, des desseins de Dieu à son égard, de la sagesse & de l'équité avec lesquelles il gouverne le monde, de l'état présent des choses, ne sont donc pas l'ouvrage de l'imagination, ni une illusion de l'amour propre ; ce sont des réflexions dictées par la droite raison; & quand la révélation vient s'y joindre, elle acheve de mettre dans une pleine évidence ce qui étoit déja probable par les seules lumieres naturelles.

Mais, c'est particuliérement à la révélation que les Philosophes modernes en veulent; tous les faits qui la constatent, sont des fruits de l'illusion ou du mensonge, des absurdités injurieuses à la Divinité, & pernicieuses au genre humain. Toutes les Réligions connues ont des vices pour eux; nouveaux Législateurs, ils voudroient composer avec Dieu, & que la foi fût seulement le partage du vulgaire, comme si tous les hommes n'avoient pas un égal besoin d'être fixés dans leurs devoirs par une Loi uniforme ; comme s'il étoit honnête & possible de tenir les Citoyens éternellement partagés en deux classes, dont l'une plus éclairée, soumise à la pratique d'un culte qui ne soumettroit pas le cœur, sçauroit se rendre impénétrable aux simples, tandis que l'autre seroit dupe de ces apparences ; mais ce vulgaire devenant tous les jours plus éclairé, ne prendroit pas longtems le change, & imiteroit bientôt des exemples qui favoriseroient les passions & la licence. Il suivroit bientôt, & à l'exemple des premiers, les visions de son cœur, & la Réligion partagée seroit dans peu anéantie.

Ils avouent cependant qu'il est probable qu'il y a un Dieu ; mais si leurs doutes s'étendent sur toutes les opinions, les leurs y sont aussi comprises ; & alors la Réligion Chrétienne pouroit être la véritable. La Foi a lieu à proportion qu'on s'abandonne davantage au doute, les Sceptiques ayant moins de droit qu'aucun autre d'éxiger de l'évidence. Mais quelqu'incertitude qu'il puisse y avoir sur d'autres points, il est certain qu'il y a, ou qu'il n'y a point de Dieu ; qu'il y a, ou qu'il n'y a point de révélation ; que l'homme est, ou n'est pas un agent ; que l'ame est mortelle ou immortelle. S'il n'y a point de démonstration en faveur des négatives, les affirmatives sont possibles. Si les négatives manquent de probabilités, les affirmatives deviennent probables. A proportion qu'un de ces Philosophes se trouve incapable de prouver quelqu'une des négatives dont il s'agit, il a sujet de soupçonner qu'il pourroit s'être trompé ; d'où il s'ensuit que voulant être d'accord avec lui-même, il devroit avoir la défiance, la modestie & la timidité, aussi bien que les doutes d'un Sceptique, ne pas promettre un océan de lumieres à ses lecteurs, pour les conduire ensuite dans un abyme d'obscurité.

Spinosa passe parmi ces Philosophes pour un homme qui ne faisoit jamais un pas sans l'appuyer sur une démonstration ; mais s'il démontroit, c'étoit d'une maniere par laquelle on pouvoit tout démontrer ; car, accordez à un homme le privilége de changer les définitions ordinaires & d'en substituer à la place d'autres de sa façon, il ne lui sera pas difficile d'inférer des conséquences qui feront vrayes dans un sens & fausses dans un autre. Que Spinosa, par exemple, définisse seulement le droit naturel par la puissance naturelle, & il démontrera très-aisément qu'un homme a droit de faire tout ce qu'il peut. (*a*) Rien n'est pourtant plus insensé qu'une pareille façon

---

(*a*) Tract. polit.

d'argumenter ; mais les Philosophes dont nous parlons ont une si forte prévention contre la Réligion, qu'ils prennent pour des démonstrations les plus misérables Sophismes. Ils innondent le monde de leurs raisonnemens & de leurs prétendues démonstrations, & les personnes simples en conçoivent presque des préjugés contre l'usage de la raison. On s'imagine qu'il y a de l'opposition entre la Réligion & la raison, la foi & la connoissance, la nature & la grace; & que par-conséquent le vrai moyen de contribuer à l'avantage de la Réligion, seroit d'éteindre les lumieres de la nature.

Les intentions de ces personnes peuvent fort bien être droites, mais leurs idées sont certainement fausses, car il n'y auroit rien de si flétrissant pour la Réligion que de la représenter comme une institution qui favorise l'ignorance & les ténébres. Dieu est le Pere de toutes les lumieres naturelles & révélées. La cupidité naturelle est une chose, & la lumiere de la nature une autre. Ainsi on ne sçauroit puiser des argumens dans l'une pour combattre l'autre ; comme on ne sçauroit détruire des connoissances réelles par une science faussement ainsi nommée. Tout ce qui est dit de l'une dans l'Ecriture, ne doit pas être entendu de l'autre. Il est vrai que les sciences humaines entre les mains des Théologiens, ont, de tems-en-tems produit de grandes divisions dans l'Eglise ; mais, comme d'un côté les subtilités métaphysiques ont toujours été en possession de causer des disputes parmi les hommes, de l'autre on doit être persuadé qu'un sincére amour pour la vérité les engageroit à sacrifier des idées très-sujettes à contestation, aux devoirs incontestables de la paix & de la charité, s'ils étoient sincérement persuadés de l'excellence de ces deux vertus.

Les causes qui déterminent la plûpart des incrédules, tirent leur origine de différens principes qui n'ont rien de commun avec la raiſon ni la réfléxion. Ils deviennent tels par vanité & par débauche, par eſprit de ſingularité, & pour ſe donner un ton de ſuffiſance. Lorſqu'une Doctrine a quelque choſe de gènant, l'ame eſt diſpoſée à approuver tout ce qui paroit propre à la combattre. Le vice, l'indolence, l'eſprit de faction, la mode & ſurtout la pétulance, ſont encore des ſources d'incrédulité. Mais il eſt d'autant plus néceſſaire de mettre leurs Sophiſmes au jour, qu'on empêche que leur ſecte n'acquierre de nouveaux Partiſans, ſans quoi on verroit toujours ſubſiſter en leur faveur un préjugé qui pourroit engager les autres auſſi bien qu'eux-mêmes à croire qu'ils ont la raiſon humaine à leur diſpoſition. Leur prétexte le plus ſpécieux eſt celui de la variété des opinions ſur le chapitre de la Religion.

Un eſprit ſuperficiel & pareſſeux trouve cette difficulté ſans réplique. Mais un homme de bon sens tire de cette objection même, une nouvelle obligation d'éxaminer, & de comparer ensemble les différens sistèmes religieux. Il observe laquelle de toutes les Réligions est la plus sublime & la plus raisonnable dans ses Doctrines, la plus vénérable dans ses Mystéres, la plus utile dans ses Préceptes, la plus décente dans son Culte. Laquelle de toutes donne les plus belles espérances & les plus nobles vûes. Il en considére l'origine & les progrès; laquelle a eu le moins d'obligations aux sciences ou aux armes. Laquelle flatte les sens & les inclinations grossiéres des hommes. Laquelle orne & perfectionne les plus excellentes facultés de notre nature. Laquelle s'est répanduë de la maniere la plus merveilleuse. Laquelle a surmonté les plus grands obstacles, ou montré le zéle le plus désintéressé dans ses disciples. Il recherchera laquelle s'accorde le mieux avec la nature ou avec l'histoire. Il distinguera celle qui fent le monde d'avec celle qui a les caractéres de cette fageffe qui eft d'en haut. Il aura foin de féparer ce qui s'y trouve d'humain, d'avec ce qu'il y a de Divin. Et tout cela étant fait, il portera fon jugement en homme fage & raifonnable. Mais l'incrédule, au contraire, conclut témérairement qu'il n'y a point de fageffe dans la politique, point de lumiere dans la raifon, point de vérité dans la Réligion, & le tout par un feul & même principe; fçavoir: qu'on trouve dans le monde des exemples, fans nombre, de folie, d'ignorance & d'erreur. Mais comme la plûpart de ceux qui font ignorans en toute autre chofe, fe croyent fort habiles en fait de Réligion, ce merveilleux fophifme eft la plûpart du tems employé contre le Chriftianifme.

Le Chriftianifme peut fouffrir tous les examens, & fera toujours trouvé d'autant plus utile à la fociété en général & aux fociétés particuliéres, qu'il laiffe aux

Loix la force qu'elles tirent d'elles-mêmes; y ajoute celle de la conscience qui nous y soumet, y joint des peines & des récompenses qui nous portent à leur obéir, en mettant dans le cœur les sentimens, qui font l'homme de bien, & en inspirant les bonnes mœurs, sans lesquelles les loix deviennent inutiles ou perdent beaucoup de leur efficace. Il ne recommande point, pour le Ciel, un amour qui détruise tout attachement pour la terre & sa patrie; car il seroit en contradiction avec lui-même, puisqu'il exhorte fortement à la pratique des vertus sociales : vertus impossibles, si le cœur étoit absolument détaché de la terre, & s'il étoit sans affection pour ses Concitoyens, qui en sont les objets. L'Evangile ne cesse d'exhorter les Chrétiens à être amis de la paix, justes & modérés, & n'eût-il d'autre avantage pour la société, ne seroit-il pas préférable aux monstrueux sistèmes par lesquels on cherche à le détruire ?

Mais pour juger de l'excellence de la Morale de l'Evangile, il ne faut que jetter les yeux fur l'hommage que la vérité a arraché du cœur d'un des grands Apôtres de l'incrédulité ; c'eft dans le parallelle qu'il fait de cette Morale avec celle des Philofophes payens, où il dit : Que l'Evangile feul, eft, quant à la Morale, toujours sûr, toujours vrai, toujours unique, toujours femblable à lui-même. (*a*)

Si, à ce témoignage du célébre Auteur de l'Emile, on joint ce que dit l'Auteur du Dictionnaire Philofophique, qu'il eft clair que la fainteté des fermens eft néceffaire, & qu'on doit fe fier davantage à ceux qui penfent qu'un faux ferment fera puni, qu'à ceux qui croyent qu'ils le peuvent faire avec impunité. Qu'il eft indubitable que dans une Ville policée, il eft infiniment plus utile d'avoir une Réligion ( même mauvaife ) que de

---

(*a*) Lettres écrites de la Mont.

n'en avoir point du tout, (*a*) ne s'enfuivra t'il pas que la Morale de l'Evangile, étant la meilleure, comparée à toutes les autres, la Réligion Chrétienne eſt préférable à toutes, au ſentiment même des ennemis du Chriſtianiſme?

Mais à quoi ſerviroit la Réligion, ſi l'opinion monſtrueuſe qui détruit l'homme moral, qui briſe les liens de la ſociété, & ceux même de la nature, doit avoir lieu ?

Tout ce qu'avoient pû faire les Législateurs qui précédérent le Chriſtianiſme, avoit été de réprimer les actions extérieures qui troublent & boulverſent la ſociété. Ils n'avoient pas paſſé juſqu'à purifier le cœur. C'étoit traiter des maladies ſans aller à la cauſe. Quelques Philoſophes s'étoient hazardés de donner quelques ſpéculations ſur ce ſujet ; mais

---

(*a*) Dict. philoſ. art. Athée, Athéisme. page 41.

Jesus-Christ fit de ce réglement le principal de ses Loix. Il sçavoit que la source étant pure, le reste seroit net, & que l'esprit & le cœur sont les premiers sujets de la Loi de Dieu.

Malgré l'aveu de l'Auteur de l'Emile, que nous venons de voir, ce n'est pas sans doute en faveur de la Réligion Chrétienne, qui enseigne une si excellente Morale, qu'il veut parler, quand il dit : j'employe ma vie à découvrir la vérité. Je suis homme, j'ai fait des livres ; j'ai donc fait des erreurs, j'en apperçois même en assez grand nombre : je ne doute pas que d'autres n'en voyent beaucoup davantage. C'est pour la Réligion, ajoute-t'il, que j'ai publié mes livres, & les Ministres de la Réligion se sont tous réunis pour en condamner les principes ; (*a*) car en le supposant ainsi, il sa droit lui attribuer de l'ignorance qu'il n'a pas, & beaucoup plus de bonne foi qu'il n'en

───────────────
(*a*) Lettres écrites de la Mont.

a. Ne seroit-il pas étrange que l'Auteur du *Febronius* voulut se faire passer pour l'apologiste des Papes ?

Si tout ce que l'esprit humain avoit produit de plus parfait jusqu'à la naissance du Christianisme, n'est pas comparable à l'excellence de sa Morale, c'est donc au moins un préjugé favorable qui doit lui faire donner la préférence dans l'esprit d'un homme sensé ; & prétendre infirmer les preuves de sa divinité ; c'est soutenir que la vérité peut résulter du mensonge.

Nous ne prétendons pas répondre à toutes les objections des incrédules ; c'est une tâche qui a été remplie par de zélés & sçavans Personnages, d'une façon victorieuse ; nous ne nous attacherons qu'à celles qu'ils ont négligées, ou auxquelles ils n'ont pas crû peut-être devoir répondre.

Une des plus grandes contradictions qui paroisse dans la Réligion aux yeux de ces Philosophes, est celle de l'unité de l'Essence de Dieu, & la Trinité des Personnes. Ils demandent, comment il est possible d'accorder cette Unité avec la Trinité, une Société de trois Personnes différentes dans la simplicité parfaite de la Nature divine. Cela est certainement incompréhensible, mais cela n'est pas incroyable. Cela nous passe, il est vrai, mais un peu de bon sens nous le fera croire, si nous n'avons pas résolu de tout nier. Car supposé que les Apôtres n'ayent point connu ce Mystére, ou qu'ils ne l'ayent point enseigné à leurs Successeurs, comme ces Messieurs le prétendent ; nous soutenons qu'il n'est pas possible qu'un sentiment si extraordinaire, ait pû trouver dans les esprits cette créance universelle qu'on lui donne dans toutes les Eglises chrétiennes. Plus ce Mystére choque la raison humaine, plus il souleve l'imagination, plus il est obscur, & incompréhensible ; moins est-il croyable

ble qu'il se soit insinué dans le cœur de tant de Chrétiens, de tant de pays différens. Jamais les mêmes erreurs ne se répandent universellement par-tout, principalement ces sortes d'erreurs qui révoltent étrangement l'imagination, qui n'ont rien de sensible, & qui semblent contredire les notions les plus simples & les plus communes. On conçoit aisément que des opinions proportionnées à notre intelligence, peuvent s'établir avec le tems. On conçoit même que les sentimens les plus bizarres peuvent dominer parmi certains peuples, d'un tour d'imagination tout singulier. Mais qu'une vérité aussi éloignée des sens, aussi opposée à la raison humaine, aussi contraire en un mot à toute la nature, qu'une vérité de ce caractére se puisse répandre universellement, & triompher dans toutes les nations où les Apôtres ont prêché l'Evangile, sur-tout dans la supposition que ces premiers Prédicateurs de la Foi n'eussent rien sçu & rien dit de ce Myſtére; c'eſt ce qui ne peut ſe concevoir, pour peu de connoiſſance qu'on ait eu de l'eſprit humain !

On ne doit être nullement ſurpris qu'on ſe ſoit oppoſé à un Dogme ſi rélevé ; on devroit l'être davantage ſi jamais perſonne ne l'eût combattu, car on ſe fera toujours un mérite d'attaquer ce qui ſemble bleſſer la raiſon : Mais qu'enfin le Myſtére de la Trinité ait prévalu, qu'il ſe ſoit établi par-tout où le Chriſtianiſme eſt reçu, ſans qu'il ait été connu & enſeigné par les Apôtres, ſans une Autorité & une Force divine, il ne faut, ce nous ſemble, qu'un peu de bon ſens pour reconnoitre que rien n'eſt moins vraiſemblable : Car, il n'eſt pas même vraiſemblable qu'un Dogme ſi Divin, ſi au-deſſus de la raiſon, ſi éloigné de tout ce qui peut frapper l'imagination & les ſens, puiſſe venir naturellement dans l'eſprit de qui que ce ſoit !

Mais dans la suppofition, difent ces Philofophes, que Dieu voulut fauver les hommes, ne pouvoit-il pas le faire par d'autres moyens que par la mort de fon Fils ? Sans vouloir fonder les profondeurs de la Sageffe divine, on peut dire, ce nous femble, que la Majefté & la Juftice divines éxigeant pour le péché une réparation d'un prix infini, elle ne pouvoit être faite que par une perfonne d'une dignité infinie ; & par conféquent par une Perfonne divine. Or, il étoit convenable que la perfonne du Fils offrit cette fatisfaction, qu'elle fût reçue par le Pere, comme le premier en ordre, & que le St. Efprit l'appliquât aux hommes par fa vertu toute-puiffante. Sur quoi, l'on peut, ce femble, rapporter cette Maxime de l'équité naturelle : *Que la grandeur d'un outrage fe mefure par la grandeur de l'objet qui le reçoit ; & qu'au contraire, la grandeur d'une fatisfaction fe Mefure par la dignité de la perfonne qui la fait, & non par la grandeur de celle qui la reçoit.*

Il est vrai que le Christianisme a des Dogmes innaccessibles à la raison ; mais ils sont tels qu'on voit bien que la Réligion ne pouvoit s'en passer. Telle est la certitude d'une autre vie, dont les Payens n'ont pas toujours parlé avec toute l'assurance & la clarté que demande un Dogme aussi essentiel ; quoique ce Dogme n'ait pas été apperçu de la raison dans toute son étendue, & avec ses développemens, parce que c'est un secret de la Divinité ; néanmoins, sitôt qu'il est révélé, la raison se trouve soulagée, elle y acquiesce avec plaisir : la prospérité des méchans, l'adversité des gens de biens, énigme inexplicable jusques-là, ne lui fait plus aucune peine. Jesus-Christ a plus fait, il a parlé clairement, & sans figure de la Résurrection des morts, & a promis à ceux qui suivront sa Doctrine, & observeront ses Préceptes, une vie éternelle & bienheureuse.

Point de miracles, difent les incrédules, c'eſt infulter Dieu, que d'en ſuppoſer; & prenant pour preuve que Jeſus-Chriſt n'en fit jamais, ou que ceux qu'on lui attribue ſont faux, le prétendu ſilence de l'Hiſtorien Joſephe à cet égard, ils ſoutiennent qu'il auroit été d'autant plus éxact à les rapporter, que ſon Pere auroit dû en être témoin oculaire. Mais ſi ces miracles euſſent été faux, il eſt bien apparent, au contraire, que Joſephe n'eut pas manqué d'en parler; car, en admettant pour un moment l'interpollation que l'Auteur du Dictionnaire philoſophique ſuppoſe, on ne manque guéres de rapporter tout ce qui peut nuire à la cauſe d'un adverſaire. Il ne faut qu'une raiſon bien commune pour voir que ce ſeroit, au contraire, la vérité même de ces miracles, qui les lui auroit fait taire. On ne vante pas ordinairement le mérite & les vertus de ſes ennemis, quand on n'a que du bien à en dire, on garde le ſilence. Suppofant d'ailleurs que le Pere de Jofephe eût été témoin oculaire de ces miracles, s'il en eût découvert la fauffeté, il n'eût pas manqué d'en parler à fon fils, au lieu qu'étant vrais, il n'avoit garde de lui en rien dire, pour ne lui pas donner par-là une idée favorable d'une fecte qu'il avoit en horreur. Ce filence prétendu de l'Hiftorien Jofephe qu'on veut faire paffer en preuve de la non-réalité des miracles de l'Evangile, lui eft donc plus favorable que s'il en eût parlé. Les Auteurs payens avoient les mêmes raifons de n'en rien dire & méprifoient fi fort le Chriftianifme dans fa naiffance, qu'ils pouvoient prendre pour une caufe naturelle, ce qui en étoit proprement une furnaturelle, & par-là n'y faire que peu d'attention.

Ces miracles étoient fi conftans que les ennemis du Chriftianifme mettoient tout en ufage pour les imiter, & s'attirer par-là des profélites. Marin qui a écrit la vie de Proclus, ne l'a écrite, au fentiment des fçavans, & ne l'a remplie d'une infinité de miracles, en faveur de fon Héros, que pour les oppofer à ceux de Jefus-Chrift. C'étoit une contrebatterie que les Payens dreſſérent contre les merveilles rapportés dans l'Evangile : ce qui eft d'autant plus avantageux à cette doctrine qu'on en peut conclure très-légitimement que ceux qui en étoient ennemis, n'avoient rien de folide à oppofer à la vérité des faits rapportés par les Ecrivains facrés. Il n'y avoit pas encore un an que Proclus étoit mort, lorfque Marin écrivit fa vie. Il naquit l'an 412. de Jefus-Chrift. *

Peut-on fuppofer de la bonne foi dans l'Auteur du Dictionnaire philofophique, qui, pour infirmer le miracle des poffé-

---

* Suidas dit que Marin a écrit la vie de Proclus en profe & en vers, mais Mr. Fabrice n'a trouvé que cet ancien, qui parle d'une vie de Proclus écrite en vers.

dés délivrés par Jesus-Christ, soutient qu'il n'y avoit pas de cochons en Judée. La défense que la Loi de Moyse fait aux Juifs de ne pas manger de la chair de ces animaux, suppose, au contraire, qu'il y en avoit; car est-il apparent qu'on défende dans un pays de manger d'une viande qui ne s'y trouve pas ? Il est défendu aux Musulmans de boire du vin, parcequ'il en croit sous leur domination ; mais ne trouverroit-on pas bien étrange & bien ridicule qu'on fît une Loi qui défendit de manger de la chair de loup en Angleterre, où il n'y en a point ? Sur qui tombe donc le ridicule d'une semblable imputation, si ce n'est sur celui, qui, voulant trouver des fautes partout, tombe lui-même dans de si grossiéres ?

Mais si ces Messieurs ne veulent point admettre de miracles, si en supposer, selon leur doctrine, c'est insulter à la Divinité, pourquoi un des plus grands hommes de leur parti, dit-il, qu'un miracle dans un fait particulier est un acte immédiat de la Puissance divine, un changement sensible de l'ordre de la nature, ou une exception réelle & visible de ses Loix? D'où naissent, ajoute-t'il, deux questions: sçavoir, si Dieu peut, ou s'il veut faire des miracles? Quant à la premiere, continue-t'il, ce seroit une absurdité & une impiété d'éxaminer si Dieu peut, ou ne veut pas agir contre les Loix qu'il a établies, & il faudroit être insensé pour le nier. A l'égard de la seconde, il pense qu'abstraction faite de ses conséquences, elle est tout à fait indifférente, tout a fait étrangére à la gloire de Dieu, & qu'on la peut décider comme on le jugera à propos, (*a*) s'il a raison, ceux qui dans son parti pensent différemment, ont tort; & s'ils ont rai-

---

(*a*) Lettres écrites de la Mont. cette décision d'un miracle est bien différente de celle de l'Auteur du Dictionnaire philosophique qui prétent qu'un miracle est une contradiction dans les termes.

son, pourquoi donner des bornes si étroites à la raison humaine, dans le tems qu'ils prétendent pénétrer les volontés de l'Etre suprème ?

Le sçavant Locke plus modeste cent fois que nos Philosophes, & qui ne cherchoit pas sans doute à se faire un nom par un sistème pernicieux, nous dit :
" Que, quoique la commune expérience
" & le cours ordinaire des choses ayent
" avec raison une grande influence sur
" l'esprit des hommes, pour les porter à
" donner ou à refuser leur consentement
" à une chose qui leur est proposée à croi-
" re, il y a pourtant un cas où ce qu'il y
" a d'étrange dans un fait n'affoiblit point
" l'assentiment que nous devons donner
" au témoignage sincère sur lequel il est
" fondé. Car lorsque de tels événemens
" surnaturels sont conformes aux fins
" que se propose celui qui a le pouvoir
" de changer le cours de la nature, dans
" un tel tems & dans de telles circons-

„ tances, ils peuvent être d'autant plus „ propres à trouver créance dans nos ef- „ prits, qu'ils font plus au-deſſus des ob- „ ſervations ordinaires, ou même, qu'ils „ y font plus oppoſés. Tel eſt juſtement „ le cas des miracles, qui, étant une fois „ bien atteſtés, trouvent non ſeulement „ créance pour eux-mêmes, mais la com- „ muniquent encore à d'autres vérités, „ qui ont beſoin d'une telle confirma- „ tion.

" Outre la propoſition dont nous „ avons parlé juſqu'ici, ajoute-t'il, il y „ en a une autre eſpéce, qui fondée ſur „ un ſimple témoignage l'emporte ſur le „ dégré le plus parfait de notre aſſenti- „ ment, ſoit que la choſe établie ſur ce „ témoignage convienne, ou ne con- „ vienne point avec la commune expé- „ rience, & avec le cours ordinaire des „ choſes. La raiſon de cela eſt que le „ témoignage vient de la part d'un Etre „ qui ne peut ni tromper ni être trom-

» pé; c'est-à-dire, de Dieu lui-même ; ce
» qui emporte avec soi une assurance au-
» dessus de tout doute, & une évidence
» qui n'est sujette à aucune exception.
» C'est la ce qu'on désigne par le nom
» particulier de *Révélation*, & l'assenti-
» ment que nous lui donnons, s'appelle
» Foi, qui détermine aussi absolument
» notre esprit, & exclut aussi parfaite-
» ment tout doute que notre connoissan-
» ce peut le faire ; car nous pouvons tout
» aussi bien douter de notre propre éxis-
» tence, que nous pouvons douter, si
» une révélation qui vient de la part de
» Dieu est véritable. Ainsi la Foi est un
» principe d'assentiment & de certitude,
» sûr & étabÌi sur des fondemens iné-
» branlables, & qui ne laisse aucun lieu
» au doute ou à l'hésitation. (*a*)

Mais s'il n'y a point eu de miracles,
par quels motifs les hommes ont ils été

---

(*a*) Essay sur l'entendement humain.

engagés à suivre la Réligion chrétienne ? Loin de s'élever au point de Grandeur où nous la voyons aujourd'hui, elle devoit toujours être le sujet du mépris & de la mocquerie, comme elle le fut durant trois cent ans. Des hommes charnels ne devoient pas embrasser une Loi qui promettoit des biens futurs & invisibles, & des maux présens & palpables, à moins qu'ils n'y fussent portés par des motifs fort au-dessus de la nature. Ils n'y furent pas sans doute excités par la seule beauté de la Morale chrétienne, comme par un mouvement purement naturel, ni engagés par le crédit que des Esclaves chrétiens eussent pris sur les enfans des maisons où ils servoient. Les Esclaves ne pouvoient eux-mêmes trouver d'attrait humain dans une Réligion qui leur ordonnoit de demeurer dans les fers & d'en supporter la dureté & la pésanteur jusqu'à ce qu'il plût à leurs maitres de les affranchir. La profession d'une Réligion différente, n'étoit pas, certainement, un moyen de se concilier leur bienveillance.

Les hommes ne furent pas non plus attirés au Christianisme par les charmes de la nouveauté ? Il n'avoit aucun charme dans les tems où il étoit chargé d'opprobres & exposé aux plus sanglantes persécutions ; ils n'y furent donc attirés que par l'évidence des miracles qui les convainquoient, que c'étoit le culte que le souverain Maitre de l'Univers vouloit lui être rendu.

Ces miracles n'ont point été produits par les forces de la nature, ni par aucun prestige. Les livres qui les racontent n'ont point été supposés. On ne trouve dans aucune bibliothéque, soit des Juifs ou des Payens, aucun Auteur des deux premiers siécles, qui ait osé reprocher aux Chrétiens la supercherie des faits historiques avantageux à leur Réligion ; c'étoit une tâche réservée aux Philosophes de notre siécle qui prétendent être mieux instruits que les Auteurs contemporains.

Si ces faits eussent été inventés à dessein, il eut fallu que quelque fourbe eut supposé les Ecrits qui les renferment, ou qu'ayant été faits par les Apôtres ils eussent depuis été falsifiés, ou qu'enfin, les Apôtres les eussent eux mêmes remplis de fables. Mais ces Ecrits ont toujours porté le nom de leurs Auteurs, & rien de ce qui peut faciliter la supposition d'un ouvrage, ne se rencontre à leur égard. Le respect qu'on leur a toujours porté, ne permet pas seulement de penser qu'ils ayent pû être falsifiés. Si un Evèque ou quelqu'autre avoit conçu un dessein si criminel, les autres s'y feroient indubitablement opposés. Si tous les Evèques y avoient consenti, les peuples se feroient élevés contre eux. Quand les Pasteurs & le peuple auroient été d'accord, les Juifs & les Payens n'auroient pas manqué de le découvrir & de l'empécher. Quand le silence des ennemis étrangers auroit favorisé ce détestable dessein, les hérésies & les partis qui se formérent dans le sein de l'Eglise y auroient apporté un obstacle invincible.

Mais quelle apparence que les Evangélistes & les Apôtres, qu'on nous peint comme des personnes simples & sans érudition, & que les Philosophes modernes regardent comme à peine doués du sens commun, en eussent voulu imposer à la postérité, & lui faire croire des faits absolument fabuleux. Ils s'accordent parfaitement quoiqu'ils n'ayent point concerté ensemble. D'ailleurs, n'écrivant par aucun principe d'intérêt, ils n'avoient garde d'user d'aucune supposition pour faire recevoir leur Doctrine. Si on pouvoit leur soupçonner quelque malice, auroient-ils rapporté jusqu'aux foiblesses apparentes de l'Homme-Dieu au Jardin des Oliviers ?

Les miracles sont, sans contredit, des

preuves

preuves incontestables de la vérité de la Réligion, en faveur de laquelle ils déposent; mais ces preuves ne sont pas les seules. Celles qui se tirent des Prophéties ont une force qui n'est pas moins victorieuse. Dans le miracle, la puissance de Dieu agit ordinairement sur la matiére; dans la Prophétie, c'est une action supérieure à toutes les conjectures, & qui est prévûe avec certitude, plusieurs siécles avant qu'elle arrive.

Une Prophétie doit-être antérieure aux événemens, elle doit les désigner d'une maniére claire & précise, de sorte que l'application n'en soit pas arbitraire, mais que l'événement en fixe & en détermine le sens. Il faut que ces prédictions, dont Dieu seul a pû être l'Auteur, soient consignées dans des monumens publics & incontestables; & que les événemens prévus, annoncés & accomplis, confirment la prédiction.

Nous disons que Dieu seul peut être

l'Auteur de ces prédictions, car on ne peut assurer que telle ou telle chose arrivera, par les forces de la nature. La Prophétie de Baalam porte en terme exprès; ( Num. c. 24. ) *qu'un jour des Armées venües d'Italie traverseroient les Mers pour attaquer la Syrie, en détruiroient l'Empire, subjugueroient dans la suite les Hébreux.* Mais qu'enfin ces formidables vainqueurs périroient eux-mêmes.

Pompée réduisit ces vastes contrées en provinces romaines. Tel fut aussi le sort des Juifs. Il devint même encore plus déplorable sous Tite, qui détruisit Jerusalem & son Temple jusques aux fondemens. Enfin, les Romains ont été à leur tour la proye des Barbares. Rien n'est donc mieux vérifié que cette Prophétie qui étoit antérieure de plus de dix siécles aux événemens.

Une prédiction, si féconde en vérités, si supérieure à toutes les difficultés, si appropriée même à tous les sistêmes, a

DES PHILOSOPHES MODERNES. 91
échappé aux interprétes de l'Ecriture, qui n'y ont pas fait affez d'attention, parce qu'ils n'avoient pas, fans doute, préfent à l'efprit, l'accompliffement des événemens qu'elle annonçoit, mais qui étant développée pouvoit fervir dans tous les tems contre les ennemis de la Réligion révélée.

Pour un inftant, fuppofons que Moyfe ne foit pas l'Auteur du Pentateuque, comme le prétendent les Philofophes modernes, il eft au moins plus ancien que le fchifme des dix tribus, & la conféquence qu'on en peut tirer, eft que toutes les Prophéties dont l'accompliffement eft poftérieur à cette époque, font inconteftablement marquées du Sceau de la divinité. Leur datte fixée, elles font partie de la Réligion & du gouvernement dans les mains de deux peuples ennemis irréconciliables, les Juifs & les Samaritains, & refpectées de l'un & de l'autre. Telles, en un mot, qu'il étoit plus de l'intérêt des Israélites de les supprimer que d'en permettre la supposition. Jusqu'au tems d'Osias les Prophètes prononçoient leurs oracles de vive voix ; alors Dieu voulut que ceux à qui il révéloit les secrets de l'avenir écrivissent leurs prédictions.

En lisant les conquêtes de Cyrus & la prise de Babylone, avec quelle surprise ne voit-on pas une parfaite conformité entre le récit d'Isaïe & celui de Xenophon, de sorte qu'on ne sçait lequel des deux est l'historien ?

Daniel avoit prédit la ruine de Jérusalem & de son Temple ; & pour peu qu'on soit versé dans l'histoire, on n'ignore pas les efforts de l'Empereur Julien pour le rétablissement de l'un & de l'autre. La terre entière étoit attentive à une entreprise qui devoit ruiner de fond en comble la prédiction de Jesus-Christ, & par contre-coup toutes celles qui lui étoient antérieures ; mais à peine quelques pier-

DES PHILOSOPHES MODERNES. 9*

res furent elles posées, que la terre ébranlée par un violent tremblement de terre, les pousse, les déplace & les disperse; des tourbillons de feu sortent de son sein, & dévorent les matériaux, les outils & les travailleurs. Animés à l'ouvrage par l'ennemi juré du Christianisme, on recommence, mais enfin de nouveaux obstacles surviennent & l'on est obligé de tout abandonner. Les Juifs se dissipent avec la honte & le désespoir dans le cœur, & Julien médite de nouveaux projets contre le Christianisme. Il est vrai qu'on a varié sur ce récit, mais toutes ces contradictions ont été éclaircies par le sçavant Warburton, qui a porté le fait dont il s'agit jusqu'au dernier dégré d'évidence. *

C'est dans les ouvrages de ce sçavant, & de l'illustre Evêque Du Puy (*a*) qu'on

---

\* Relig. prouvée 67. Proph.

(*a*) L'incrédulité convaincue par les Prophéties.

peut voir les Auteurs des nouveaux fiftêmes Antichrétiens, forcés fur cet objet, jufque dans leur dernier rétranchement. On trouve dans le fecond, toute l'élégance du ftile, toute la douceur de l'éloquence, toute la profondeur des lumiéres poffibles, & furtout une candeur refpectable, qui caractérife toujours les amis de la vérité. Dans le premier, cette fcience réfléchie, cette critique fage & impartiale qui ne fçait donner gain de caufe qu'à la vérité.

La fameufe Prophétie de Jacob qui fait une des plus fortes preuves que le regne d'Hérode le grand, fous lequel nâquit Jefus-Chrift à dû être le tems de la venue du Meffie, n'a rien de rélatif, fuivant ces Philofophes à ce grand événement. Il eft vrai que les différentes fignifications de Sebet, de Mehokee, & de Silo qui entrent dans cette Prophétie la rendent difficile ; mais quand on s'arrêteroit feulement à la folution ordinaire, qui concerne les Princesses de la Tribu de Juda, mariées dans celle de Levi, elle devroit suffire, puisqu'il seroit toujours vrai qu'u tems de la naissance de Jesus-Christ, le Sceptre seroit sorti de Juda, en tombant entre les mains d'Hérode le grand, qui étant Ascalonite ou du moins Idumeen par Antipater son pere & fils de Prosélite par Cypros sa mere, n'étoit point du sang de Jacob par aucune des Tribus qui avoient formé le Royaume de Juda. Ainsi le sens sera que jusqu'à la naissance du Messie, l'autorité souveraine ne sortiroit point d'entre les mains de ceux des descendans de Jacob qui formeroient le Royaume de Juda, & la prédiction aura été manifestement accomplie, lorsque Hérode le grand, d'extraction payenne ou du moins Iduméenne, & fort éloigné d'être du sang de Jacob, parvint au Royaume.

L'époque de ce grand événement étoit inconnu avant Daniel, qui en détermine la datte à la 70ᵉ. semaine qui suivit l'Edit publié par un Roi de Perse pour permettre aux Juifs de relever les murs de Jérusalem. Dès qu'on a trouvé cette datte, on est sûr de rencontrer l'accomplissement de la Prophétie, en suivant le fil des événemens, & de vérifier dans la personne de Jesus-Christ tout ce qui est prédit touchant le Messie.

Cette supputation des septante semaines à exercé la plume des plus célébres Ecrivains Juifs & Chrétiens ; mais la diversité d'opinions n'altére en aucune sorte la Prophétie. Les Juifs & l'Univers entier, dit le sçavant Evêque Du Puy, parurent d'autant moins douter de son accomplissement, quelques années après la mort de Jesus-Christ, qu'on vit alors arriver tout ce qui devoit suivre les septante semaines : *Un peuple conduit par un chef victorieux détruisit la Ville & le Sanctuaire. L'abomination de la désolation fut placée dans le Lieu saint.*

Mais les ennemis du Chriſtianiſme veulent encore que Jeſus-Chriſt ne ſoit pas le fils de David, & que c'eſt à tort qu'il eſt ainſi qualifié dans l'Ecriture. Cette prétendue difficulté ne procéde que de l'obſcurité qui régne dans les généalogies des Juifs; mais eſt-il apparent que les Apôtres euſſent voulu produire au grand jour la généalogie de leur Maitre, pour établir qu'il étoit fils de David, ſi ce n'eût été de leur tems une vérité hors de toute conteſtation ? Car, où ils ont dit la vérité en ce point, où ils ont été des impoſteurs. S'ils ont dit la vérité, il n'y a plus de difficulté ; s'ils ont été des impoſteurs, pourquoi n'ont-ils pas bâti une généalogie, à laquelle il n'y eût rien à redire ?

Il faut donc ou que Joſeph & Marie fuſſent de la même Tribu; ce à quoi il y a grande apparence, ou que Jeſus-Chriſt fut reconnu fils de David, parce qu'il avoit été adopté par Joſeph, ce qui ſuffifoit parmi les Juifs ; enforte qu'on peut foutenir que de cela feul, Jefus-Chrift eût hérité du trône de David, fi Joseph fon pere adoptif l'eût poffédé.

L'Ecriture, felon ces Philofophes, loin d'avoir été infpirée de Dieu, eft remplie de contradictions révoltantes, & faififfant ce commandement que Dieu fit à Moyfe de dire à Aaron de prendre fa Verge & de changer toutes les eaux de l'Egypte en fang, jufqu'à celle qui étoit contenue dans les vaiffeaux de bois ou de pierres, ils nous montrent que deux verfets plus bas il eft dit, que les Magiciens du Roi firent la même chofe par leurs enchantemens. Avec quelles eaux, ajoutent-ils, opérérent-ils ces prodiges puifqu'elles avoient toutes été changées en fang par Aaron ? Mais qui ne voit que l'action des Magiciens étant poftérieure à celle d'Aaron, ils attendirent que les eaux euffent été rétablies dans leur premier état par ce Pontife, pour faire ce qui est dit d'eux dans cet endroit de l'Ecriture.

Rien n'échappe aujourd'hui aux ennemis de la Réligion, tout les choque, tout les offense, tout leur paroit contradiction. Il y en a une manifeste, selon eux, entre ce que dit Moyse au 46. chapitre de la Genese ℣. 27. que toutes les personnes de la maison de Jacob qui vinrent en Egypte furent soixante & dix, & ce que dit Saint Etienne dans les Actes des Apôtres chap. vii. ℣. 14. qu'elles étoient soixante & quinze. N'y a-t'il pas, ajoutent-ils, un de ces asserteurs qui n'a pas dit la vérité? Les Chrétiens, continuent-ils, les regardent tous les deux comme inspirés; il faut néanmoins de toute nécessité qu'il y en ait au moins un qui ne l'ait pas été. Aussi triomphans de cette découverte qu'ils le feroient de celle de la quadrature du cercle, ils ne cessent de la débiter à ceux qui sont hors d'état de la résoudre, & répandent ainsi le doute dans l'esprit des personnes les mieux intentionnées.

Il est vrai que cette difficulté a beaucoup embarassé les interprétes de l'Ecriture ; les uns ont crû que Saint Etienne avoit suivi la version des septante où on lit soixante & quinze, comme étant fort en usage de son tems. D'autres ont cru que ce Saint avoit exprimé le même nombre que Moyse, mais que quelques copistes confrontant le texte de Saint Luc avec celui des septante avoient corrigé ce premier sur ce dernier ; mais ces solutions ne satisfont pas parfaitement à la difficulté. Ce n'est pas, croyons-nous, le verset 27. du 46. de la Genese qu'il faut opposer à celui des Actes, puisqu'il ne se contredit point, quoiqu'ils soient fort différens. Il est clair que dans ce premier endroit, il est parlé de toutes les personnes de la famille de Jacob qui vint en Egypte. Ces personnes sont celles qui vinrent en Egypte avec Jacob ; celles qui

## DES PHILOSOPHES MODERNES.

étoient nées en Egypte, sçavoir, Ephraïm & Manassé & celles qui étoient mortes avant que cette famille fit ce voyage, sçavoir, les deux fils de Juda *Er* & *Onan*. En un mot il est parlé dans cet endroit de toutes les personnes d'une famille qui vint en Egypte, & non des personnes de cette famille qui y vinrent; au lieu que dans les Actes des Apôtres St. Etienne ne parle pas de tous les membres de la famille de Jacob, mais de toutes les personnes de cette famille que Joseph fit venir en Egypte. Les paroles sont expresses. Alors, dit l'Auteur sacré, Joseph envoya quérir Jacob son pere & toute sa famille, qui consistoit en soixante & quinze personnes. Le verset donc qu'il faut opposer à ce passage est le 26. du même chapitre de la Genese où on lit ces paroles: Tous ceux qui vinrent en Egypte avec Jacob, qui étoient sortis de lui, sans compter les femmes de ses fils, qui étoient en tout soixante six personnes.

Comment accorder cela avec ce que dit St. Etienne que ceux que Joseph envoya chercher étoient soixante & quinze personnes ? La difficulté paroit du premier coup-d'œil inconciliable ; mais rien néanmoins n'est plus facile. Moyse excepte les femmes des fils de Jacob, St. Etienne n'excepte rien. Si donc on joint les douze femmes des douze Patriarches à ces soixante & six personnes, on en aura soixante & dix-huit : mais il faut ôter premiérement la femme de Juda qui étoit morte en Canaan, en second lieu celle de Joseph, qui n'étoit pas venue de Canaan, puisqu'il l'avoit prise en Egypte, & enfin Joseph lui-même, puisque St. Etienne disant que ce fut lui qui fit venir les soixante & quinze personnes, dont il parle, il est visible qu'il ne le comprend pas dans ce nombre. On laisse après cela à juger, si on peut trouver de la contradiction entre le récit de Moyse & les Actes des Apôtres, & si avant d'avancer pareille chose contre des livres si respectables, on ne devroit pas au moins être plus assuré de son fait.

On ne se contente pas de chercher des contradictions où il n'y en a point, on tourne encore en ridicule les Dogmes & la Doctrine, on suppose un Ministre réformé qui dit à son Confrere qui avoit prêché contre l'éternité des peines, qu'il ne croyoit pas plus l'Enfer éternel que lui, mais qu'il étoit bon que sa servante, son tailleur & même son procureur le crussent. Si cette croyance, ne fut-elle qu'abusive, empêche la servante de voler ses maitres, & le tailleur & le procureur les gens qui les employent, elle a donc une fin rélative au bien de la société, & plus elle sera répandue, moins il se passera de coquinerie dans le monde. (*a*)

Point de Providence générale, ni particuliére, selon ces Philosophes ; les bons

---

(*a*) Dict. philos. article Enfer.

& les mauvais événemens ne procédent que de l'enchainement de plusieurs causes, ou du caprice du hazard, ou de la seule prudence humaine. Mais peut-on avoir la moindre connoissance des choses humaines, & n'être pas persuadé que Dieu les gouverne. D'ailleurs elles ne peuvent venir d'un enchainement de causes jusqu'à l'infini, puisque cet enchainement meneroit nécessairement à la premiere que l'on entend par le nom de Dieu. Elles viennent aussi peu du hazard & du concours fortuit des atômes, ou d'autres corps dont le monde ait pû recevoir sa naissance & sa durée. Elles ne viennent pas non plus de la prudence; car si d'un coté la nature ne reléve nullement de son pouvoir, & si les astres & les fleuves ne réglent point leur mouvement sur ses conseils, il n'est que trop clair de l'autre qu'en plusieurs rencontres ses mesures sont fausses & les événemens démentent tous ses projets.

La

La conduite des hommes dépend encore moins de la difposition & de l'influence des aftres. Les régles de l'aftrologie ne viennent d'aucune démonftration fondée fur le rapport que les aftres ayent avec les actions humaines, ni d'aucune expérience faite en tous les tems & en tous les lieux; ni enfin d'aucune tradition conftante & non interrompuë. L'expérience enfeigne au contraire, qu'il y a des chofes commandées ou défendues.

Les grands hommes font fouvent les plus grandes fautes, parce que régardant les autres, comme d'un lieu plus élevé, ils oublient auffi, qu'ils ne font que des hommes. L'illuftre Auteur de l'efprit des Loix s'élevant au-deffus des nuages que nous n'appercevons qu'à peine, décide fans héfiter que la liberté admife en l'homme, la Prefcience divine eft impoffible en elle-même, & incompatible avec la Sageffe, la Sainteté & la Juftice de

H

l'Etre suprême, & s'appuyant de l'autorité de Moyse, il prétend que la premiére vérité que ce Législateur ait enseignée aux hommes, est que Dieu ignore la future détermination des esprits. *Il ne peut pas avoir*, dit-il, *dans la Divinité des attributs qui se détruisent & s'excluent réciproquement.* (a) C'est une vérité qu'on ne lui contestera point. *Il n'est pas possible*, ajoute-t'il, *que Dieu prévoye les choses qui dépendent de la détermination des Etres libres, parce que ce qui n'est point arrivé n'est rien & parconséquent n'est point connu, car le rien qui n'a point de propriétés ne peut être apperçu. Dieu donc ne peut point lire dans une volonté qui n'est point, & voir dans l'ame une chose qui n'éxiste point en elle.*

Ce raisonnement paroit d'abord démonstratif, mais en l'éxaminant on en découvre les sophismes.

---

(a) LXIX Lettre persanne.

Il est vrai que le rien n'ayant point de propriétés ne peut être apperçu, & que ce qui n'est point arrivé n'est rien, d'où suit la conséquence que Dieu ne peut prévoir les déterminations des Etres libres, parce qu'il ne peut voir dans l'ame une chose qui n'y éxiste pas.

Le premier de ces principes étant incontestable, la conséquence seroit vraie, si l'on pouvoit accorder le second principe, mais il n'est pas vrai que ce qui n'est point arrivé ne soit rien, & ne puisse être apperçu ou conçu comme quelque chose & sous quelque rélation.

Une détermination d'un Etre libre n'est rien dans l'ame avant qu'elle soit arrivée, elle n'est rien encore pour quiconque ne prévoit pas qu'elle arrivera ; mais en est-il de même pour un Etre qui peut envisager toute la chaine des déterminations.

Elle peut être envisagée d'avance, ou comme cause ou comme effet, ou comme l'un & l'autre tout à la fois ; comme cause de l'acte qui la suit ; comme effet d'une détermination précédente, d'un acte déja produit ou d'un penchant formé ; enfin comme l'un & l'autre entant qu'elle est en même-tems liée à des déterminations précédentes & à des actes conséquens. On ne pourroit nier ce que nous avançons sans contredire l'expérience journalière, & si notre esprit comme l'esprit divin pouvoit embrasser toute la chaine des causes & des effets, il pourroit toujours prédire sûrement ce qu'il ne fait souvent que conjecturer.

Quand l'ame est si indéterminée qu'elle ne sçait pas même de quel côté se déterminer, elle est alors dans un doute qui peut être prévu comme effet, puisqu'il n'ait de l'équilibre des motifs ou de leur nullité. Souvent l'ame ne se détermine que pour faire usage de sa liberté. Mais on ne doit pas en conclurre que Dieu ne puisse voir d'avance cette détermination, ni dans l'action de l'ame, ni dans l'action que les objets font sur elle. Il y a certainement des motifs ou des causes qui sont apperçûes par une intelligence supérieure à la nôtre, & qui naissent du penchant ou de l'habitude. Ceci peut servir à lever l'apparente opposition qu'on prétend trouver entre la liberté de l'homme & la prescience de Dieu.

*Dieu*, continue le mème Auteur, *ne peut prévoir que de deux manières, ou par conjectures ce qui est contraire à sa prescience infinie; ou comme effet nécessaire; ce qui est contradictoire avec la liberté de l'homme*; mais conjecturer n'est pas préconnoitre, ce n'est donc pas par conjecture que nous disons que Dieu prévoit, c'est de la prescience dont nous entendons parler.

Dieu prévoit les déterminations comme effets nécessaires, ou d'une cause qui est dans l'ame, ou d'une cause extérieure. Dans le premier cas, les déterminations sont les effets de l'habitude, du penchant, de quelque principe reçu, de quelque siſtème adopté; & sont toujours ainsi les effets d'une cauſe libre. Dans le second, l'ame n'eſt pas entiérement paſſive, puiſqu'elle n'eſt jamais tellement déterminée qu'elle ne conſente elle-même à l'action que les objets font ſur elle. Dans l'un & dans l'autre cas, il y a toujours un enchainement de déterminations dont les unes ſont cauſe des autres. Dieu tient le premier chainon & voit l'autre extrémité de la chaine.

Une bille pouſſée par une autre eſt mûe ſans aucune connoiſſance de l'impreſſion qu'elle reçoit, & ſans aucune participation de volonté; mais l'ame au contraire connoit l'impreſſion qu'elle reçoit des objets extérieurs, elle en juge, elle y réſiſte, ou s'y livre volontairement. Or, c'eſt en cela que conſiſte la liberté; car la liberté n'eſt pas la faculté de ſe déterminer ſans raiſon, mais la faculté de vouloir ce que l'on fait, ou de ne pas vouloir.

On voit que ce grand homme refuse à la Divinité un de ses plus beaux attributs, mais comment n'a-t-il pas vû les conséquences qui résultent de ce qu'il ajoute ?

*Dieu peut tout voir*, dit-il, *mais il ne se sert pas toujours de cette faculté, & il ne prévoit les déterminations des créatures que lorsqu'il détermine lui-même les créatures conformément à sa propre volonté.* Ne diroit-on pas à l'entendre qu'il a non-seulement été au troisiéme Ciel, mais qu'il a assisté au Conseil de la Sagesse éternelle.

La prescience est en Dieu, puisqu'il a pû connoitre & prédire qu'elle seroit la détermination de la volonté ; la liberté éxiste en l'homme, puisqu'il en a la preuve la plus assurée, le sentiment. Leur rapport nous est inconnu. Qu'y comprendrions-nous ?

*Dieu met Adam*, continue-t-il, *dans le Paradis terrestre à condition qu'il ne mangera point d'un certain fruit*. *Précepte absurde de la part d'un Etre qui connoitroit les futures déterminations des ames, car un tel Etre ne peut mettre des conditions à ses graces sans les rendre dérisoires.*

On convient qu'à confidérer la chofe en elle-même, il paroit étrange que Dieu plaçant Adam dans un état de félicité, lui donne en même-tems une loi, dont la violation qu'il prévoit doit le faire décheoir de cet état : mais pénétrons un inftant, dans les vûes de Dieu, autant qu'il eft permis à l'homme de pénétrer les deffeins d'une intelligence infinie, en nous rappellant quelques principes.

L'homme eft dans la chaine des Etres, un Etre libre, capable de choifir eft deftiné à agir par choix ; le choix eft déterminé par les lumiéres de l'entendement ; la raifon l'éclaire fur les rapports naturels, la révélation lui fait connoitre les rapports établis ; & l'expérience lui confirme les uns & les autres lorsqu'il s'agit de comprendre le fait ; c'est donc l'expérience qui est son meilleur maitre dans la pratique. Dieu agit avec tous les Etres d'une maniére conforme à leur nature, c'est ce qu'on peut assurer sans crainte d'être taxé de témérité.

L'homme placé sur cette terre devoit connoitre la dépendance où il étoit à l'égard de son Créateur; c'étoit là un rapport naturel que la raison pouvoit découvrir, il falloit encore qu'il eut l'idée d'obéissance ou de soumission, elle nait de la loi donnée & reçue, d'où résulte une obligation. Enfin, il falloit pour rendre l'obligation plus forte qu'il connut le rapport de son obéissance avec son bonheur, de sa désobéissance avec la peine, il ne suffisoit pas que ce rapport fut révélé : Dieu lui dit tu mourras, & il ne laissa pas de manger du fruit défendu ; il étoit donc nécessaire qu'il fut convaincu par son expérience : pour cet effet

Dieu qui prévoyoit que l'homme seroit souvent tenté dans la suite d'abuser de sa liberté sur des objets importans, devoit ou lui ôter sa liberté ou lui en faire connoître le meilleur usage : la lui ôter, c'eût été changer la nature de l'homme, & diminuer le bonheur auquel il pouvoit atteindre : on est doublement heureux, lorsqu'on est l'ouvrier de son bonheur ; il ne restoit donc qu'à lui faire connoitre d'une maniére claire & frappante que la soumission à la Loi divine étoit l'usage de sa liberté le plus convenable à ses vrais intérêts. Dans ce dessein Dieu lui donne une loi indifférente dans son objet & facile dans son observation, dont la fin étoit de lui faire sentir l'obligation où il étoit d'obéir, & en même-tems il le place dans un état de bonheur, plus heureux que celui qu'il destinoit à l'homme sur la terre, lui faisant considérer ce premier état, image attrayant de la Félicité céleste, comme le prix de l'obéissance & de la vertu ; & la privation de ce même état comme la peine qui suivroit la désobéissance & le crime : Adam en fait l'épreuve, il péche, comme Dieu l'avoit prévû, il se trouve déchû de sa félicité premiére, & réduit à l'état naturel de l'homme ici bas, non point un état de souffrance, mais un état d'épreuve mêlé de biens & de maux ; il reconnoit par-la la différence qu'il y a entre le bien & le mal par rapport à leurs suites ; instruit & convaincu par son expérience, il l'enseigne à ses descendans. Si Dieu l'avoit placé tout d'un coup dans ce second état ; n'en connoissant pas un meilleur, il n'en eût pas reçu l'instruction, n'eût pas eu pour mobile de ses actions le désir d'un bonheur plus grand, & eût ensuite violé sans crainte des loix essentielles ; mais par ce moyen bien naturel & bien simple, Dieu fait connoitre au premier homme & à tous ses descendans la premiére vérité qu'ils doivent connoitre pour remplir leur deſtinée; c'eſt que le plus haut point de la ſageſſe eſt la crainte de l'Eternel.

Il y a quelque choſe de ſi ridicule & de ſi pervers dans les nouveaux Philoſophes, dit un ſçavant Anglois, (*a*) qu'on ne ſçait de quelle maniére s'y prendre pour les répréſenter au naturel. C'eſt une ſorte de joüeurs qui ſe dépitent & grondent ſans ceſſe, quoiqu'ils ne joüent rien. Ils haraſſent continuellement leurs amis pour les attirer à leur parti; quoiqu'ils avoüent eux-mêmes, qu'il n'y a rien à gagner pour les uns ni pour les autres. En un mot le zéle des incrédules pour la propagation de l'incrédulité eſt plus abſurde, s'il eſt poſſible que l'incrédulité même. Ils taxent d'erreurs & de préjugés des idées qui s'accordent avec le ſens commun de tout le genre humain, reçuës dans tous les ſiécles & parmi tou-

---

(*a*) Stecle.

tes les nations, pour ne rien dire du but naturel qu'elles ont à procurer le bonheur de la société civile & des particuliers, pendant qu'ils introduisent à leur place des sistèmes effrayans & déraisonnables, qu'on ne peut admettre sans la plus grande des crédulités. Si les principaux articles de leurs sistèmes étoient réduits en une espéce de Simbole, comme la formation éternelle du monde, la matérialité d'une substance qui pense, la mortalité de l'ame, l'organisation fortuite du corps, le mouvement & la gravitation intrinseques de la matière &c. Si on dressoit un pareil Simbole & qu'on voulut en imposer la créance à quelqu'un, cela ne demanderoit-il pas une mesure de foi beaucoup plus étendue que celle qu'aucune des Confessions chrétiennes, qu'ils attaquent avec tant de fureur, n'en éxige?

Un Chrétien qui cherche à attirer l'incrédule à son parti est louable, parce qu'il se propose l'intérêt de l'un & de l'autre; mais l'incrédule au contraire qui cherche à gagner le Chrétien est d'autant plus inexcusable, qu'il ne se propose aucun avantage ni pour lui, ni pour son disciple.

L'ame du Chrétien qui a l'espérance d'une vie à venir, s'en console & se réjouit. Il n'y a que le méchant qui puisse trouver quelque satisfaction à l'entiére destruction de son être. Cette espérance rend la nature riante autour de celui qui s'en flatte. Elle redouble ses plaisirs & le soutient au milieu des afflictions. Il regarde avec indifférence, les revers & les échecs de la fortune, les douleurs & les maladies, la mort même; parce qu'il a en vûe des biens infiniment meilleurs, un état où il n'y aura ni crainte, ni frayeurs, ni peines, ni chagrins, ni maladies, ni aucune des miséres auxquelles la nature humaine est exposée.

Au dire de ces Philosophes, toutes ces idées sont des songes & des chimères;

mais dans la supposition fausse qu'elles ne fussent que des songes, pourquoi chercher à les détruire par d'autres qui ne peuvent être qu'affligeans à l'esprit ? Si ce sont des songes pourquoi n'en pas laisser jouir celui qui s'en occupe agréablement, puisqu'il sert à le rendre plus heureux & plus homme de bien ? Pourquoi chercher à lui ôter les sentimens d'une éxistence à venir qui le flatte, pour ne lui faire espérer qu'un affreux néant ?

Peut-on de bonne foi se fier à un homme qui n'a ni récompenses à espérer, ni peines à craindre ? Non seulement l'amour propre, mais encore la raison nous dictent que nous devons préférer nos intérêts à toute autre chose. Le Chrétien ne peut avoir d'intérêt à commettre le mal, persuadé qu'il doit un jour rendre compte de ses actions, & qu'il sera puni pour le mal qu'il aura commis. S'il veut travailler à son bonheur, il doit donc rendre toutes sortes de bons offices à son prochain. Mais l'incrédule au contraire n'agit pas en créature raifonnable, s'il favorife les autres contre fon intérêt préfent, ou s'il ne commet pas contre eux quelqu'injuftice qui tourne à fon avantage.

Il eft vrai qu'une bonté naturelle & l'honneur du monde peuvent quelquefois l'en détourner ; mais fi d'un côté ces motifs acquierrent un nouveau dégré de force, quand ils font foutenus par les principes de la raifon & de la vertu, de l'autre fans leur fecours, ce ne font que de purs inftincts, des idées flotantes & incertaines, qui ne font appuyées fur aucun fondement.

La plûpart de ces Philofophes conviennent intérieurement de ces vérités, mais ils ne veulent pas en convenir. Ils reffemblent à Medée auquel Ovide fait dire :

---------- *Video meliora, proboque Deteriora fequor.* (a) -----------

---

(a) Ovid. metamorph. VII. 20.

On dira, peut-être, que tous ces Philosophes ne poussent pas l'incrédulité jusqu'à nier l'éxistence d'un Etre souverain? Mais qu'importe à l'homme cette persuasion si tout périt avec lui; si son ame, cet être qui fait tous les jours de nouveaux progrès & qui s'éléve d'une perfection à l'autre, en jettant les yeux sur les ouvrages du Créateur, & reconnoissant quelques traits de son infinie sagesse, de sa bonté, & de son pouvoir sans bornes, vient à s'éteindre dès son premier début, & lorsqu'il n'est qu'au commencement de ses recherches; s'il ne semble être envoyé au monde que pour la propagation de son espéce, & moins pour jouir de la vie que pour la communiquer aux autres; s'il n'a jamais acquis les dégrés de connoissance où il pouvoit aspirer, ni eu le tems de vaincre ses passions & d'atteindre à la perfection de sa nature, lorsqu'il quitte la terre?

Peut-on s'imaginer qu'un Etre infiniment sage auroit formé de si excellentes créatures pour un dessein si bas ? Qu'il auroit produit des intelligences d'une si courte durée ? Qu'il nous auroit donné des talens pour les enfouir & de vastes désirs qu'il est impossible de satisfaire ? Où trouverroit-on cette admirable sagesse, qui éclatte dans tous ses ouvrages, & particulièrement dans la formation de l'homme, si ce monde n'est pas une espèce d'école pour une autre vie, & si sans nulle autre fin un héritier doit-être suivi d'un autre, comme on voit un flot suivre celui qui le précéde. *Sic quia perpetuus nulli datur usus, & hares Hæredem alterius, velut unda supervenit undam* (a)

Les Philosophes, dont nous parlons, sont membres d'une Société, ils sçavent distinguer le bien & le mal, naturel ou politique, s'ils ne sont pas Chrétiens, qu'ils soient au moins Patriotes ; ou s'ils n'ont pas assez de talens pour contribuer

---

(a) Hor. Lib. 11. Epist. 11. 175.

au bien de leur Patrie, qu'ils ne prétendent pas changer ni corriger ce qu'ils n'entendent pas ou ne veulent pas entendre, ni tourner leurs doutes en démonstrations. « Timagoras a coutume de di-
» re, je trouve certaines maximes éta-
» blies dans mon pays : ces maximes pa-
» roissent avoir leur utilité & comme tel-
» les, elles sont maintenues par le Sou-
» verain : elles forment une partie essen-
» tielle de notre constitution. Je ne vois
» pas que les novateurs puissent les désa-
» prouver ou substituer à leur place des
» choses plus utiles & plus certaines.
» Ainsi par égard pour le bien du genre
» humain & pour les loix de mon pays,
» j'y acquiescerai. Nous ne disons pas
» que Timagoras fut Chrétien, mais il
» étoit au moins bon Patriote.

Loin de suivre une maxime si sage, ces Philosophes innondent la terre de leurs écrits pour répandre leur pernicieuse doctrine, mais quels regrets n'auront-ils pas un jour d'avoir employé leurs talens à infecter l'esprit des hommes du poison mortel du vice & de l'erreur ? Plus contagieux que la peste, les maux qu'ils causent à la Société sont beaucoup plus difficiles à guérir, & l'on peut dire de leurs ouvrages ce que l'on dit de ceux qui meurent de quelque maladie contagieuse, qu'ils ne laissent que de la puanteur & de l'infection.

Nous n'écrivons pas dans le dessein de les choquer, à Dieu ne plaise, que nous leur donnassions un si mauvais exemple ; nous désirons sincérement leur conversion, & de les voir entrer dans les sentimens qu'eût autrefois un de leurs partisans, aux approches de la mort, lorsqu'il composa ce Sonnet, tant de fois répété & qui fait l'admiration de l'Univers ; mais que plus sincéres & plus persévérans que lui, ce Dieu qu'il avoit tant outragé & qu'ils méconnoissent devienne le motif de leur consolation & de leurs espérances.

## SONNET DE DES BARREAUX.

*Grand Dieu tes jugemens sont remplis d'équité,*
*Toujours tu prens plaisir à nous être propice,*
*Mais j'ai tant fait de mal que jamais ta bonté*
*Ne peut me pardonner, sans choquer ta justice.*
*Contente ton désir, puisqu'il t'est glorieux,*
*Offense toi des pleurs, qui coulent de mes yeux,*
*Tonne, frappe, il est tems, rends moi guerre*
    *pour guerre.*
*J'adore en périssant la raison qui t'aigrit;*
*Mais dessus quel endroit tombera ton tonnerre*
*Qui ne soit tout couvert du Sang de Jesus-*
    *Christ.*

## FIN.

---

## ERRATA.

AVERTISSEM. Pag. 5 lig. 19 impureté, lisez impunité. Idem lig. 25 professent. lisez professe. OUVR. Pag. 8 lig. 21 dans des différens, lisez dans différens. Pag. 26 lig. 7 Atomistes, lisez Anatomistes. Pag. 33 lig. 5 ajoutés &. après le mot grands. Pag. 34 lig. 19 après objections. ajoutés des impies. Pag. 40. lig. 3 sustance, lis. substance. Pag. 45 lig. 20 peu, lisez peuvent. Pag. 77 lig 6 Josephe. lisez Joseph. Dans la même page lig. 11 Josephe, lisez Joseph.

## APPROBATION.

J'Ai lû par ordre de Monseigneur le Chancelier un Manuscrit intitulé: *Observations sur l'Incrédulité des Philosophes Modernes.* Je n'y ai rien trouvé qui puisse en empêcher l'impression. A Paris ce 11 Décembre 1770.

RIBALLIER.
*Censeur Royal.*

## PRIVILÈGE GÉNÉRAL.

LOUIS, PAR LA GRACE DE DIEU, ROI DE FRANCE ET DE NAVARRE: A nos amés & féaux Conseillers les Gens tenant nos Cours de Parlement, Maîtres des Requêtes ordinaires de notre Hôtel Grand Conseil, Prevôt de Paris, Baillifs, Sénéchaux, leurs Lieutenants Civils, & autres nos Justiciers qu'il appartiendra, SALUT. Notre amé le Sieur FRANÇOIS JACQUEMART, Libraire à Sedan, nous a fait exposer qu'il désireroit faire imprimer & donner au public, *des Observations sur l'Incrédulité des Philosophes Modernes,* &c. S'il nous plaisoit lui accorder nos Lettres de Privilège pour ce nécessaires. A CES CAUSES voulant favorablement traiter l'Exposant, Nous lui avons permis & permettons par ces présentes, de faire imprimer ledit Ouvrage autant de fois que bon lui semblera, & de le vendre, faire vendre & débiter partout notre Royaume, pendant le tems de six années consécutives, à compter du jour de la datte des Préfentes. Faifons défenfes à tous Imprimeurs, Libraires, & autres perfonnes de quelque qualité & conditions qu'elles foient, d'en introduire d'impreffion étrangére dans aucun lieu de notre obeïffance, comme auffi d'imprimer, ou faire imprimer, vendre faire vendre, débiter, ni contre-faire ledit Ouvrage, ni d'en faire aucuns Extraits, fous quelque pretexte que ce puiffe être, fans la permiffion expreffe, & par écrit dudit Expofant ou de ceux qui auront droit de lui, à peine de confifcation des Exemplaires contre faits, de trois mille livres d'amende contre chacun des contrevenants, donc un tiers à Nous, un tiers à l'Hôtel-dieu de Paris, & l'autre tiers audit Expofant, ou à celui qui aura droit de lui, & de tous dépens dommages & intérêts: à la charge que ces préfentes feront enregiftrées tout au long fur le Regiftre de la Communauté des Imprimeurs & Libraires de Paris, dans trois mois de la datte d'icelles; que l'impreffion dudit Ouvrage fera faite dans notre Royaume & non ailleurs, en beau papier, & beaux caractéres, conformément aux Réglemens de la Librairie, & notamment à celui du dix Avril mil fept cent vingt cinq, à peine de déchéance du préfent Privilège; qu'avant de l'expofer en vente, le Manufcrit qui aura fervi de copie à l'impreffion dudit Ouvrage, fera remis dans le même état où l'Approbation y aura été donnée, es mains de notre très cher & féal Chevalier, Chancelier Garde des Sceaux de France le Sieur de Maupeou; qu'il en fera enfuite remis deux Exemplaires dans notre Bibliothèque publique, un dans celle de notre Château du Louvre, & un dans celle dudit Sieur de Maupeou, le tout à peine de nullité des préfentes : du contenu defquelles vous mandons & enjoignons de faire jouir ledit Expofant, & fes ayants caufes pleinement, & paifiblement, fans fouffrir qu'il leur foit fait aucun trouble ou empêchement. Voulons que la Copie des préfentes, qui fera imprimée tout au long, au commencement ou à la fin dudit ouvrage, foit tenue pour duement fignifiée, & qu'aux Copies collationnées par l'un de nos amés & féaux Confeillers Sécrétaires. Foi foit ajoutée comme à l'original. Commandons au premier notre Huiffier ou Sergent fur ce requis de faire pour l'exécution d'icelles tous actes requis & néceffaires, fans demander autre Permiffion & nonobftant clameurs de Haro, Charte Normande & Lettres à ce contraires, car tel eft notre plaifir. DONNÉ à Verfailles le trente-unième jour du mois de Décembre, l'an de grace mil fept cent foixante dix, & de notre Regne le cinquante-fixieme.

Par le Roi en fon Confeil.

LE BECUE.

*Régiftré fur le Régiftre XVIII. de la Chambre Royale & Syndicale des Libraires & Imprimeurs de Paris, N° 1437, fol. 415 conformément au Réglement de 1723. A Paris ce 18 Janvier 1771.*

J. HERISSANT *Syndic.*

---

## A BRUYERES,
De l'Imprimerie de J. F. VIVOT.

SERVICE PHOTOGRAPHIQUE

www.ingramcontent.com/pod-product-compliance
Lightning Source LLC
Chambersburg PA
CBHW060149100426
42744CB00007B/957